泛传播时代的镜像站点

杜臣弘宇 —————— 著

上海人民出版社

目 录

影像视域下的理性化宣泄

3   在暴力中构建：杜琪峰的黑帮电影

21   被封杀的道德：从《首尔站》到《釜山行》

31   在坚守中转变：许鞍华的电影世界

45   从抽象到具象：《达·芬奇密码》的视听呈现

"泛化"传播的读图时代

59   大众文化的狂欢：网络剧白热化趋势的"冷反思"

67   视听语言的延伸：浅析中西方影视特效技术的发展与
运用

77   摧毁谎言的病疫：新媒体时代突发事件中谣言传播的
治理策略研究

99   在模式中创新：艺术硕士培养模式的创新定位

真人秀在电影中的运用研究

111　引言

123　真人秀概述

139　真人秀在美国电影中的运用

159　真人秀在美国电影中的发展

171　真人秀在电影中运用的思考

183　结语

187　参考文献

193　后记

影像视域下的理性化宣泄

在暴力中构建：杜琪峰的黑帮电影

香港黑帮电影兴起于20世纪80年代，至今已为一种特殊的文化景观。纵观香港社会的发展历程，港英当局长久以来的殖民管制，内地各历史时期政治运动的波及，以及作为往来港口相对自由的地缘环境，不仅为香港地下势力的生存提供了缝隙，并且也造就了鱼龙混杂的香港文化。复杂的社会构成和宽松的政治土壤为电影导演提供了丰富的电影题材和创作灵感。香港黑帮片之所以受到本土导演和观众的青睐，一方面由于真实现状的不可回避，另一方面出于香港人长久以来内心深处的"无根性"。影片中的黑帮老大通常作为一种"代父"的角色，弥补了现实"无父"状态带来的迷茫和无助，导演为香港人书写了一种虚幻和理想的道德秩序。

就电影的造梦性而言，当暴力以合法化的形式呈现在观众面前时，人性深处的破坏欲便能从现世的道德规范和法律束缚中得以解脱，在无意识地"快乐原则"支配下得到合理的宣泄，黑帮题材的电影恰巧是孕育这种人性暴力本能的温床。另一方面，从80年代张彻开创江湖时代，到黑帮片逐渐成为最能代表香港文化的类型片之一，黑帮电影在很大程度上继承了50年代以来香港武侠电影中的"侠士"精神。虽然"黑社会"替代了"江湖"，"大哥"替代了"侠士"，但是疾恶如仇、匡扶正义的武侠精神仍然存在。在相对封闭的电影时空中，武侠片传承下来的"江湖道义"成为评判善与恶的唯一标准，同时也成为一种道德精神和价值观念延伸到现实世界，黑社会简单粗暴的行事风格也在一定程度上反映出香港人果敢直接、敢于拼搏的精神气质。与此同时，有了这种"侠士"精神作为引导，香港黑帮电影才能摆脱血淋淋的屠杀，把纯粹的暴力宣泄上升到美学的高度。80年代末90年代初吴宇森拍摄的一系列黑帮片，如《英雄本色》（1986）、《喋血双雄》（1989）、《纵横四海》（1991）等，虽然也追求一种个人英雄主义下的暴力宣泄，但观众依旧能从中获得内心伤痛的治愈和救赎，原因就在于影片提供了明确的价值判断标准——情义，这与现实中人们的道德伦理观念殊途同归。无独有偶，90年代刘伟强执导的"古惑仔系列"风靡一时，虽然话语权从高大全式形象的杀手、特工身上转到了香港街头年轻古惑仔手中，但引导的人物行为和故事发展的，依旧是情义与道义。

杜琪峰黑帮电影创作背景

作为一名钟爱警匪、黑帮题材，并致力于"本土电影创作"的香港导演，杜琪峰无疑在香港影坛上拥有着举足轻重的地位。他以写实的风格，缓慢的节奏，流畅的叙事谱写了众多朴实而激荡的黑色乐章，被誉为"香港黑帮电影教父"。杜琪峰于1972年步入影视行业，到如今成为举世闻名的大导演，同样经历探索、迷茫、突破、成型四个阶段。起初他进入香港无线电视台时，不过是从事一些跑腿打杂的工作，直到1980年师从王天林，才正式进入导演的行列。此后，他便开始尝试各种类型片的创作，其中喜剧片和动作片居多，而接触警匪题材电影的时间则相对较晚，1988年才首次与金杨桦合作执导了《城市特警》。经过15年的不断积累，1996年，杜琪峰与其创作团队成立银河映像工作室，标志其个人影像风格开始形成。1999年，银河映像出品的《枪火》实现了杜琪峰个人影像的突破，影片以前所未有的优雅与冷静，为人们展现了一场充满戏剧色彩的黑帮角逐，"以静衬动"美学风格堪比日本电影大师黑泽明。凭借《枪火》得来的一片赞誉和各种奖项①，"杜式风格"走向成熟。

与此同时，1997 年香港回归后，香港娱乐开始北上。香港导演纷纷跨过深圳河，把工作重心向北转移，以寻求更广阔的创作空间和电影市场。陈可辛说："内地的电影市场容量很大，而且正在上升阶段。在内地成立电影工作室在投资、选角、拍片、审查等方面都相对便利一些，省时省钱，同时内地影视拍摄地资源丰富。"②2003 年，中央政府与香港特别行政区政府签署《内地与香港关于建立更紧密经贸关系的安排》，内地与香港之间合作愈发紧密起来，内地企业出资，香港导演出力的合拍片也逐渐成为稳定的运作模式，不仅吸引了庞大的内地观众，促使电影票房的飞跃增长，同时也有利于中国电影整体制作水平的提高，逐渐成为中国本土电影新的发展道路。

然而这种现状对于杜琪峰而言却非常尴尬，一方面他所擅长的黑帮片极易触及政治底线，无法保持原貌在内地公映；另一方面能代表其个人风格的黑帮片大多是阴沉、晦涩的，仅有少部分观众理解到其中的超前性和反思性，无法形成稳定而庞大的粉丝团，若要坚持以纯粹的个人风格进行创作，工作室也

---

① 第 19 届香港电影金像奖、第 37 届台湾电影金马奖、第 5 届香港电影金紫荆奖最佳导演奖。

② 记者张麟、简芳：《香港导演集体北上之后的困惑》，《南方都市报》2011年 1 月 22 日。

难以维持下去。因此杜琪峰不得已迎合观众，拍摄一些人们所喜爱的大众电影，例如《孤男寡女》（2000）、《瘦身男女》（2001）、《钟无艳》（2001）等商业爱情片，以便支撑个人风格的电影创作，如《龙城岁月》（2005）、《以和为贵》（2006）、《放逐》（2006）等黑帮电影。两手抓的创作现实无疑充满了艰辛和疲惫，杜琪峰也曾试图在个人与大众找到共鸣点，2001年上映的《全职杀手》就是他对艺术与商业之间平衡点的首次追寻，虽然也获得了极佳的口碑，但还是更为偏重于商业。正是在这种个人不断的探索、扶持、平衡之中，杜琪峰电影开始有了新的定位，即"文艺的黑帮片"。

究其黑帮片与以往的最大不同之处，在于杜琪峰开始解构过去黑帮片中的浪漫情义，以及导演通常引以为豪的动作场面，逐渐建构起对人性与现实的精神反思，对21世纪的黑帮电影进行了又一次革新。将传统和英雄颠覆，并融入悲观和绝望的情绪，体现出一种强烈的后现代主义倾向，但杜琪峰在解构的同时也建构起一套独有的秩序和逻辑，整体表达出强烈的政治反思和人性考量，又与后现代主义的破而不立形成很大的差别。就电影的技术层面来讲，杜琪峰黑帮电影的叙事依旧遵从线性规则，从不追求形式上的创新，但却颠覆了好莱坞模式中的个人英雄主义色彩和浪漫主义色彩，转而把镜头对准现实的生活场景和平庸的普通人（通常表现在性格和造型方面），体现出一种现实主义的创作风格。由于其影片的过于残酷现实，且影片基调又极为潮湿、灰暗，因此鲜有女性观众青睐于它。同时又由于影片追求以静显动的另类美学，极为注重人物内在情绪的表达，因此电影整体节奏显得相对缓慢，与热衷动作大片的男性观众的期待形成一定偏差。因此杜琪峰的每一部黑帮片在诞生之初，并不能很好地吸引观众的眼球，加之严苛的审查制度经常将他的作品剪得面目全非，电影作品的效果大打折扣，对杜琪峰和观众而言，确实是一个个重大的损失。

然而伏久者飞必高。一种新的艺术风格从出现到接受，总需要时间的沉淀，短短不到 10 年，观众就已经开始接受杜琪峰的黑色电影。于是杜琪峰电影生涯的主要矛盾从个人与观众之间转入本土创作与审查上映之中。一方面他的港产黑帮片若要原汁原味地在内地上映，地域差异和题材限制可能导致水土不服；但另一方面若要按照内地的规定和套路拍摄警匪片，又会抹去杜琪峰的个人风格，势必有损影迷的利益。2011 年，杜琪峰首次北上与内地合作①，合拍了电影《毒战》，选取了他最拿手的警匪题材。影片基本保持了杜琪峰的个人风格，港味元素

---

① 北京海润影业有限公司、华夏电影发行有限责任公司、中央电视台电影频道节目中心。

和内地风格相处得还算融洽，受到内地观众的好评。

杜琪峰黑帮电影特点

电影导演的创作倾向与其生活体验总是密不可分的。杜琪峰成长于"三不管地带"的九龙城寨，这里在香港回归之前是有名的"贼窝"。因为当年签署不平等条约时，明文规定这片香港土地仍属于中国，英政府并未施加管制，同时内地政府亦不愿插足此地的是非，于是众多犯罪分子聚集于此，为祸一方。杜琪峰在如此复杂的环境中成长，自然对此地的乱事极为清楚，因此他能够非常写实地将黑社会的暴力行径搬上银幕。加上他童年时期又非常爱看动作片和西部片，后来因为父亲去东乐戏院工作，经常能在后台免费看戏。因此杜琪峰能够将戏剧舞台效果有机地融入警匪动作片，细腻地刻画人物造型，形成独有的静态电影风格。这些都与杜琪峰曾经的生活境遇密不可分。

在杜琪峰的众多类型片中，"黑帮电影"讲述的故事总是非常简单。如《枪火》讲述了五名社团成员保护老大的故事，《放逐》讲述了五名杀手的叛变之路，《龙城岁月》和《以和为贵》讲述了黑帮成员争夺"话事人"（当家人）的经过，《毒战》讲述了内地警方缉拿香港毒贩的过程。每一部影片开始不久，观众就能预料到影片的结局，但是杜琪峰电影有一种特殊的魅力，能在已知的结论中营造出强烈的未知悬念，不仅能凭借独特的视听语言使观众沉醉其中，并且在影片结束后还令人久久不能平息，这无疑是黑帮类型片中的大师手笔。他的电影风格主要有以下几个特征：

（一）现实黑帮中虚伪和利益的重叠

杜琪峰黑帮电影比之80年代的香港黑帮片最大的突破在于，不再单纯依靠惊险刺激的动作场面吸引观众，不再使用血腥残酷的视觉暴力控诉黑社会的暴虐行径，而是从几个特定人物出发，重点描述他们各自的内心状态和情感纠葛。将外在的现实暴力转化为内在的心理暴虐，往往需要更娴熟的电影语言。杜琪峰通常选取充满个性小人物进行刻画，一方面体现出他们在现实生活中的无奈和压抑，另一方面又揭露了他们身上原有的缺憾和惰性，引发了强烈的现实思考。

《龙城岁月》中，林怀乐（任达华饰）看上去像个有情重义的带头大哥，即使大D（梁家辉饰）屡次挑衅和迫害，他都以德报怨，以社团利益为重，直到最后他坐稳"话事人"的位置，才对大D夫妇痛下杀手，这一情节转折不仅出人意料，并且还颠覆了人物此前的形象，瞬间将平庸的故事推到了人性反思的高度。在《以和为贵》中，吉米（古天乐饰）一心想做生意，却无奈与内地官方合作，必须当香港和联社的话事人。在收买林怀乐手下时，不惜以残忍的"肢解"方式杀一儆百，这与他之前平和、与世无争的性格大为不同，充分反映了人物内心的暴虐与压抑。他原本对未来有着美好的幻想，希望自己的儿女有一份正当的职业，却不料内地警方要求他的"话事人"一代传一代，世代成为黑帮分子，这也更加绝望地突出了现实的残酷与荒谬。

在杜琪峰的黑帮世界里，越高层就越麻木，道义就越被忽视。《龙城岁月》中的大头（林雪饰）把龙头棍看得比生命还重要，即便遭受被东莞仔（林家栋）打死的威胁，也仍旧不忘入社誓言。然而到了《以和为贵》中，大头上了位却变得贪生怕死，一被警察抓住就立即大喊："不是我做的，是东莞仔做的。"巨大的反差足以说明利益之下人性的冷漠和麻木。《枪火》中的阿信（吕颂贤饰），刚出道不久不懂规矩，虽然兄弟五人出生入死保护社团大哥。但阿信在这期间没有经得住诱惑与大嫂通奸，犯了江湖大忌。在人的欲望之下，江湖道义也已然抛之脑后，这不仅可以看出英雄人物身上不可避免的缺陷，同时也深刻揭示了人性深处的阴暗面。

（二）强烈的"男权主义"倾向

在杜琪峰的黑帮影片中，女性只是作为一种景观或者点缀而存在，并不会以主角的方式出现在电影中，而男性角色没有好坏、正邪之分，只是他们的立场不同、职责不同，人物的正义与邪恶的衡量标准也需要重新评判。如《龙城岁月》中，林怀乐只是个平凡的单身父亲，而大 D 的妻子也只扮演了一个助手的角色。《以和为贵》中吉米（古天乐饰）的女友只充当了陪衬，并没有起到推动剧情或者引发矛盾冲突的作用。《放逐》中旅店里的妓女同样如此，为五名杀手提供了一种情色景观。但值得注意的是，这些黑帮电影中的女性角色虽然无助于推动叙事的进程，但却充当着杜琪峰电影黑色性的催化剂。《龙城岁月》中，林怀乐在儿子面前勒死大 D 的妻子，更加残忍地勾起儿子失去母亲的痛苦回忆，现实的恐惧和残忍油然而生。《以和为贵》的结尾，吉米对女友谎称不会再有危险，实际上心里却盘算着怎么才能将话事人的位置一代传一代，不仅留下了开放式的结局，而且反映出了现实的虚伪和无奈。《放逐》的结局则更加残酷，当仅存的四名杀手为了兄弟情义与大飞哥同归于尽后，妓女无视场景的惨状，匆忙将金条拖走，体现出利益之下人性的扭曲和麻木。

关于影片中正与邪的区分，杜琪峰并没有给出明确的衡量标准，《龙城岁月》中林怀乐与大 D 两人争夺话事人，人物本身没有正邪的区分，都以自己的方式对权利展开争夺，大 D 的凶狠暴虐是通过言语、动作、表情等外在符号展现的，而阿乐的残暴则是隐匿于内心的，以至于最后在沉默中突然爆发，因此同样是罪恶的黑社会成员，没有明确的好坏之分，杜琪峰想表现的只是冷酷的真相和现实。《枪火》中阿来（吴镇宇饰）、阿鬼（黄秋生饰）两人虽然一起出生入死，但由于立场不同，在阿信（吕颂贤饰）犯了忌，文哥（任达华饰）要求阿鬼杀了他时，阿来和阿鬼产生了分歧，在观众紧张地期待如何收场时，电影却以巧妙的逻辑使他们的矛盾和分歧得到解决。虽然杜琪峰在电影中塑造的人物立场不同，但不妨碍他们男人间的情义。观众们在感慨电影的构思精妙时，同时也为电影中男性角色的黑色特质感到无比崇拜，事实上说明杜琪峰黑帮电影已经得到观众的认同。

（三）命运的无所适从

杜琪峰黑帮电影通常选取阴冷、灰暗的色彩基调，透析着存在主义悲观论，时常给人以沉重的压抑感，体现出对人生的悲观绝望，以及命运的无所适从。他能够通过精致的画面语言，做到对电影剧情整体走向的严密把控，结局往往既引人入胜，又出人意料，同时还合乎情理，因为前文的细节之处早有铺垫。影片对现实生活的无情解剖、故事情节的独具匠心、电影技法的创新求变等，共同构成杜琪峰鲜明的影像风格。他的作品看似披着警匪外衣的商业动作片，实际电影文本中的多条线索和多重结构却在不断颠覆传统商业片的制作模式，最终形成独有的艺术色彩。

《龙城岁月》原本叫作《黑社会》，片长有 3 个小时，进入内地市场之后被剪成 85 分钟的版本。影片极具文艺片风格，场景昏暗压抑，音乐沉重而耐人寻味，镜头运动极为缓慢，非常写实。虽然阿乐与大 D 两人的输赢早已确定，但故事仍以"龙头棍"为中心，不断进行下去。由此一来主线便形成了多条分支，例如大头和东莞仔、飞机与吉米之间护送"龙头棍"的情节。错综复杂的叙事线索构成诸多悬念，使得观众在观影过程中并不乏味。即使大 D 为了翻身做了不少努力，例如劫持、谋杀，甚至企图成立"新和联社"，但最终的命运仍旧难逃一死。错综复杂的支线最终又回归主线，体现出宿命的悲观和无望。

与此类似的还有影片《放逐》，主线是兄弟五人躲避老大的追杀，在逃亡的过程中引发多条分支。大飞哥（任达华饰）命令阿火（黄秋生饰）杀掉阿和（张家辉饰），即使阿火（黄秋生饰）下不了手，阿和也同样难逃一死，与希区柯克在《精神病患者》中让主角演到一半被谋杀的手法异曲同工。此后《放逐》的故事情节开始分叉，剩下四人无去无从，前路充满了未知的悬念。这种悬念成为叙事动力持续引导观众的注意力，使故事不断推进。即使他们偶然劫持了金车，获得了生活与希望，但最后仍旧得与大飞哥决一死战，这一情绪的落差早在阿和死时就埋下了伏笔（阿和的妻子误以为凶手是阿火），足见情节构思的巧妙。而最终他们与大飞哥同归于尽也反映出了现实的残酷和命运的绝望。

（四）忠实的"暴力描述"

暴力是杜琪峰黑帮电影中不可或缺的一点，他毫不避讳地把人性的阴暗面揭露在观众面前。例如在影片《以和为贵》中，吉米为争夺"话事人"买通林怀乐的手下。在表现残忍的肢解情节时，没有现场音效，也没有鲜血四溅的视觉画面，只有压抑、刺耳的配乐，以及师爷苏（张兆辉饰）惊恐和呕吐的表情，与吉米行尸走肉般的行为状态形成强烈对比，衬托出人物内心残暴、麻木的一面。而在《龙城岁月》中，阿乐可以让大D服从大局，却怎么也不能让他忘记对于"话事人"这个称呼的渴望，表现了人性永不停滞的执念和贪欲。与此同时，阿乐也同样无法放下对权力的欲望，他为了社团的稳定和利益，表面上与大D交好，实际内心却隐忍着对大D的憎恨。当一切归于平静之后，大D再次提出要当"话事人"，阿乐没有用枪，也没有用刀，而是用石头一下一下地将大D砸死，这种用最原始的物件一下一下砸下去的残忍感要远远超过用枪用刀，整部片子中虽然没有出现过一把枪，但恐惧感却丝毫没有削弱，使看似纯白的社会一下子黑暗到了极点。

与暴力息息相关的是死亡，杜琪峰黑帮电影里的主人公，无时无刻不被笼罩在死亡的阴影之中。杜琪峰诉述的死亡恐惧，并不是现实的了断或者人生的终点，而是死亡威胁无所不在的焦虑和折磨，并且残忍到一开始便设下死亡的期限。影片中的人物时长在生与死之间徘徊游荡，从而迸发出最本能的潜在激情。如《枪火》中，五个保镖随时都面临着被刺杀的危险，最后找到杀手，在草丛中与楼上的杀手忘情激战，展现出酣畅淋漓的动作快感。《放逐》中五个杀手也一直在面临追杀的危险，一直非常怕死，直到最终因为阿和（张家辉饰）的妻子，决定与大飞哥（任达华饰）决一死战时，才发出绝望的狂笑，表现出一种英雄视死如归的精神所在。在死亡的前一刻，他们相视而笑，获得了精神上的永恒归宿，又体现出一种死亡带来的浪漫色彩。杜琪峰对电影的整体掌控很严密，非常更讲究画面语言，结局设置得更是巧妙，相信出乎所有人的预料，但是细看前文还是有铺垫的，这就是他能把简单俗套的题材拍得引人入胜的原因所在。

　　除此之外，杜琪峰还善于运用静态的暴力美学。他与吴宇森最大的不同之处，在于杜琪峰并不强调开枪互射的刹那，枪林弹雨中一切灰飞烟灭的快感，而对持枪姿势和开枪前后人物的心理状态有着特殊的痴迷。在他的电影中，几乎看不到快速剪辑或者慢镜头分解，完全采用纪实手段和逼真音效刺激着观众的神经，营造出以静制动，以小博大，极度内敛的静态美学。例如仅以250万港元的成本，在19个工作日里拍摄完成的《枪火》中的商场枪战，被誉为枪战场面的经典，保镖五人的站位和持枪姿势极为讲究戏剧的舞台的造型性，人物基本没有挪动位置，开枪射击仅在千钧一发，而以静制动的拔枪瞬间足以令观众紧张窒息。

（五）批判现实的"黑色幽默"

杜琪峰黑帮电影中时常充满着"黑色幽默"，表现出对荒诞现实的嘲讽。例如《放逐》中塑造的五个有情有义的杀手，看似枪法精湛、凶残极致。但可悲的是只有小学文化，他们甚至连"一吨有多重"都不清楚。没有理想与出路，没有了老大的指使，他们都不知道去哪，还得靠硬币来决定，荒诞之余也解释了现实的精神虚无。《枪火》也中有一个情节，五名保镖在办公室等待老大的时候，互相踢起了纸团，这一段落充满了滑稽和幽默，与他们之前紧张、专注的心理状态大为不同。一方面凸显了电影中的趣味性，另一方面也表现出生活的乏味和枯燥感。关于政治现实的批判，在《以和为贵》中显露得相对比较明显。吉米本身不想争夺"话事人"，但内地警方却逼迫他坐上了这个位置，最终争夺到了"话事人"。他原本只想做两年，却被内地警方告知，让他整个家族一代传一代地做下去，警方与黑帮勾结逼迫他人做古惑仔，成为一种现实的嘲讽，并且也预示着吉米仍旧会无止境地沉浸在黑暗之中，走上和阿乐一样的老路。

杜琪峰黑帮电影的"视听美学"

杜琪峰黑帮电影借鉴了日本导演北野武的"写实暴力美学"和黑泽明电影中的"静态美感"。杜琪峰完美地融合了两位电影大师的特点，以缓慢的镜头运动和写实的画面内场景调度，反映人物在千钧一发之际内心的波澜起伏，用外在的场景"静"来表现内部的"动"。从内在转化为外在往往需要很长的时间反映，在杜琪峰电影中显得极为突然，这一点又在很大程度上符合北野武的"瞬间暴力"。在这种外化的暴力之下，杜琪峰想表现的不是战斗的激烈与壮阔，而是弱者在暴力面前的无奈与痛苦，并以此来刺伤观众的内心。从紧张到同情，同样也是一个反思的过程。"不时拉远透视出宽阔空间的长镜头，每个角色经过精心设计的站位和模特亮相般凝固的姿势，具有别致的电影感，不求合理的空间关系，但求赏心悦目。虽然有一种舞台化的格式，但人人能感受到那种令人窒息的紧张"[1]。在他的电影

① 王海洲编：《镜像与文化港台电影研究》，中国电影出版社 2002 年版，第218 页。

中，人们不仅看不到舞蹈版的开枪姿势，也无法感受到复杂的场景设计，始终只有人物挺拔的身姿和有力的攻击，不断书写一种悲怆的英雄气节。完全用纪实手段和逼真的音效刺激观众的神经，将一个现实的客观与沉重展现在观众面前。

杜琪峰对电影配乐有着独特的敏感度，在他的电影作品里，精彩悦耳的配乐总是能够将电影的气氛渲染得更加出彩。杜琪峰的电影配乐很讲究原创，《黑社会》的配乐出自罗大佑之手，以木吉他为主，配合铜钹、洞箫、中国大鼓等传统乐器，透露出一股古典的味道，使整个影片意味深长，暗示着得到权力就意味着失去自我。《枪火》中枪战场面的配乐别树一帜，使用声画对立电子音乐，音符的跳动性十分强烈，旋律具有极强的收缩性，音乐节奏随着镜头的切换变动，用音乐显示出每个人独特的性格。一旦枪战结束，急促的配乐便戛然而止，将动作场面的紧张气氛完全调动起来后立刻回归平静，给观众以回味的空间。

杜琪峰的黑帮电影真实地再现了香港黑帮历史，那是曾经"无家无国"的城市阴暗面。这座曾遭受百年创伤，如今已是集繁华与贫穷于一身的国际化大都市，人们通常只看见它光鲜亮丽的一面，却不知它背后所经历的痛苦与辛酸。作为一位坚持"香港本土化"创作的导演，杜琪峰很少拍摄那些众所周知的高楼大厦和那些纸醉金迷的都市生活，而是选择一些丑陋拥挤、破败不堪的小巷子，真实地反映香港底层社会的贫穷与痛苦。以此揭示真实的社会矛盾和不为人知的阴暗面，为观众展现一个异样的黑色世界。

结　语

作为一名立足于香港本土的大导演，黑色电影是杜琪峰不可回避的创作类型，从现实的层面看，黑帮警匪片是最能体现香港社会现实的电影类型之一。内地有严苛的文化审查制度，因此较之香港影坛，黑帮电影发展相对缓慢，2005 年杜琪峰的黑色电影《黑社会》曾试水内地市场，这部黑色电影进入内地市场后被大量删减并改动了结局，导致口碑与票房双双失利。面对被修剪得面目全非的影片，杜琪峰之后的黑色电影都拒绝进入内地市场。不妥协，不低头，成为杜琪峰身上最鲜明的标签。好在随着内地的不断开放，内地的黑帮电影的题材限制也开始逐渐放宽。2011 年 11 月 22 日，杜琪峰的银河映像与北京海润电影公司合作，得到内地投资方的支持，以往的黑帮警匪片的审查和删改等问题得到妥当改善。2013 年合电影《毒战》顺利上映，这是杜琪峰的黑帮警匪类型片第一次真正意义上原汁原味地在内地市场亮相，让人们在娱乐之余陷入深深的思考。

被封杀的道德：从《首尔站》到《釜山行》

　　丧尸电影作为灾难片的一大类型起源于美国，但在乔治·罗梅罗的"活死人三部曲"之后便陷入了工业化的生产模式，大多数丧尸电影已经沉浸在兜售血腥、暴力和追与被追的视觉快感中，而往往忘记了探讨人性与批判现实的初衷。电影《首尔站》与《釜山行》作为为数不多的亚洲丧尸类电影，在欧美丧尸电影的基础上加入了韩国的本土元素，并一贯秉承了韩国电影中深挖人性与批判现实的风格，在给予人们视觉刺激的同时，对社会以及人性的反思也增加了电影的厚度和承载力。

　　韩国电影经历了2015年一年的沉寂后，终于在2016年高调进击戛纳电影节，三部入围影片分别为《小姐》《哭声》和《釜山行》，其中，《釜山行》为导演延相昊的首部真人电影。影片上映后，在韩国内外都产生了强烈的反响，《釜山行》成为第十四部韩国本土电影观众超过千万人次的电影，而历时19天的速度也使其仅次于《鸣梁海战》。不仅如此，《釜山行》也以极快的速度占领亚洲电影市场，成为首屈一指的"吸金大片"。同时也获得了欧美地区电影界的高度认可。美国电影杂志 *Twitch Film* 作出这样的评价："此前从来没有一部这样具有韩国特色的灾难大片。"但《釜山行》的成功决不只是表现在票房与账面上，影片对类型电影的创新，以及对社会、人性等现实层面的批判都是它获得成功的重要因素。

从《首尔站》到《釜山行》

说到《釜山行》就不得不提及导演延相昊的另一部作品《首尔站》，该片是于2016年8月18日上映的一部丧尸题材的动画电影。追溯延相昊的旧作，《首尔站》与其残酷写实风格的《猪猡之王》和批判讽刺教会的《伪装者》有着一脉相承的批判现实与深挖人性的风格。影片《首尔站》讲述的是，生活在社会最底层的"露宿者"将丧尸病毒带到首尔车站，并造成大规模的扩散，一对同样生活在社会底层的年轻情侣经历了各种各样的惊险与磨难却还是无法逃避死亡和变为丧尸的命运。影片涉及各个阶层的人物，如皮条客的贪婪，警察等公职人员的不作为，军队对隔离人员的射杀，统治阶级的冷酷等。但最值得思考的是影片并没有像其他丧尸类电影那样提及病毒源头，而是把焦点直接放在病毒的第一批携带者——被称为"露宿者"的一群无家可归的流浪汉身上。同时，那对年轻情侣的宿命也是一种绝望的表达，在国家和政府对底层人群无视和冷漠的环境下，变成丧尸才是他们唯一能够"活"下去的出路。真是莫大的讽刺。

与之相比，《釜山行》则更注重表现在危难时节人性之间的变化与对比，影片讲述了丧尸病毒在一列从首尔开往釜山的列车上扩散开来，男主人公石宇通过救人与被救的经历和女儿的感化，最终从一个自私自利的人变成了一个舍己为人的具有英雄色彩的人物，特别是影片最后，石宇尸变前回想起女儿出生而露出温暖的微笑和军队并没有开枪射杀圣京与秀安的画面，这样的情节设定则把人们的思想向着光明与希望的方向引导。

同时，两部影片之间也有着别具匠心的联系，《釜山行》中的列车正是在《首尔站》中病毒爆发的地方驶出，而在《首尔站》中给女一号惠善配音的沈恩京正是在《釜山行》中把病毒带上列车的女孩的扮演者，同时，《釜山行》中流浪汉的形象也是在《首尔站》中"露宿者"人群的延伸。这种种看似隐藏的脉络，最终还是把两部电影联系在了一起，讲述了一个从绝望走向希望的故事。更是由于《首尔站》中所埋下的"绝望"伏笔，才使得《釜山行》中的"希望"显得更加来之不易。这不仅仅是一个小套路，更是展现了一种关于希望和人性回归的美好愿景。

类型电影的突破与创新

说起丧尸类电影，最早可以追溯到 1932 年的美国影片《苍白僵尸》，与后来的丧尸电影不同的是，当时丧尸的由来源于一种巫毒教的信仰。而丧尸电影发展的里程碑则是美国导演乔治·罗梅罗的"活死人三部曲"，分别为 1968 年的《活死人之夜》、1978 年的《活死人黎明》及 1985 年的《丧尸出笼》。此时的丧尸已经完全脱离了巫毒教的范畴，成为一种新型的怪物。虽然丧尸的概念发生了变化，但丧尸类电影的内里还是旨在表现或隐喻某种社会现实与生存现象。早期的丧尸电影，是主导话语权的白人拍摄者的一种纠结的表达：一方面因为仇恨和恐惧对巫毒教以及巫毒教信仰作出了一种有限的，甚至扭曲的附会和解读，另一方面却也是对当时黑人受白人奴役压榨表现出了极为有限的、战胜者式的怜悯，是对这种社会现实的一种极端的艺术反映。[①]而乔治·罗梅罗的"活死人三部曲"的创作也

---

① 吴迪、田祥斌：《论丧尸电影的价值内核变迁》，《电影文学》2012 年第 4 期。

与 20 世纪 70 年代的民权运动和种族平权运动有着莫大的关系。

时至今日，丧尸类电影已是数不胜数，但大都多受到电影工业化的侵蚀。过分工业化的电影环境遏制了人们的想象，砍掉了从现实出发的想法的类型电影以解构类型的方式夺取了观众的心，却也让深爱电影的影迷哀叹类型片的衰落。①如今的丧尸类电影大多在一种架空的历史背景下，以世界末日、人类濒临灭绝为噱头，呈现给观众的也多数是漫山遍野的丧尸奔跑或是咬人的血腥暴力的视觉刺激。如《僵尸世界大战》《生化危机》系列等都是在贩卖一种从被动防御到主动出击的快感，成为了丧尸类影片的固定套路。

电影《釜山行》的成功在很大程度上也是因为对这种固定模式的突破。使影片的内里回归批判现实的层面，这就使得影片与观众之间产生一种触手可及的微妙联系，同时，那些有血有肉的情节设定与人物刻画也在回应着当下的社会气质。美国 *Variety* 杂志将《釜山行》与《雪国列车》相媲美，但比起《雪国列车》这种在架空历史状态下的软科幻片，《釜山行》则更有关于现实的思考价值。《釜山行》对类型电影的突破主要表现在以下几点，首先是电影结构的设定，与大多数丧尸类电影相比，

① 乔嫂：《绝望与希望》，《看电影》2016 年 9 月。

《釜山行》显然没有将过多的笔墨放在丧尸身上，对传染源头亦是一笔带过，"求生者"才是电影的主角，人性的变化与对比是电影所展现的主要对象。相对于那些舍本逐末、大肆渲染丧尸的影片，有种回归正统的意思。其次是影片背景的设定，导演并没有将《釜山行》放置在一个架空的历史背景下，而是通过许多细节描写充分印证着现实的社会环境，在电影中有这样一段情节，乘客在列车上观看的新闻报道与在网上的议论大相径庭，这在侧面也印证公共媒体对真实情况的掩盖和网络媒体过分夸大的社会现象。同时韩国"世越号"沉船事件和"Mers"病毒传染事件在韩国民众潜意识中形成的紧张感也会刺激他们对于《釜山行》中各种情节的思考。最后是凸显片中人物的方法，首先对主人公石宇使用了一个高戏剧化冲突的展现方法，影片开始便将石宇定义为一个自私自利、对他人漠不关心的人物，同时他的家庭生活也是一团糟，这种负面的叠加把石宇放在一个不得不转变的状态中，随后通过剧情的推进石宇也逐渐完成了这种转变，这样一个过程就显得比较顺畅，毫无做作之感。同时导演将电影中的人物放置在一个"无政府"状态下进行描写，失去了法律和道德的约束，人们展现出的人性的优与劣都会被无限放大。同时由于丧尸入侵而形成的恶劣环境也会极大地刺激和加速人性的展现，把众多不同阶层、不同年龄段的小人物放置在这样一个环境中，可以说麻雀虽小却五脏俱全，这种以小见大，以一个小集体投射出人类整体的手法也是一大创新点。

女性形象分析

有着"大男人主义"传统的韩国在第二次世界大战后一直接受西方文明的影响，女性意识和女性主义在韩国有了长足发展，这方面的内容已在电影中有相当的表现。总的来说，今日韩国正在反思男尊女卑的道德传统，韩国电影已经渗透着对女性地位、女性角色、女性气质及两性关系的思考。[①]

影片《首尔站》和《釜山行》之所以广受好评，其中一个重要的原因是影片中人物形象的成功塑造。《首尔站》中自私、懦弱的基雄，《釜山行》中石宇的形象转变以及尚华的硬汉形象，都给我们留下了深刻的印象。相比于他们，我们往往忽视了这两部电影中的女性形象，在这样恶劣、逼仄的环境中女性往往比男性更容易有过激的反应，所以对女性形象的刻画也更加困难。在这两部电影中我们看到的几个女性形象也是当下韩国电影中女性主义缩影的展示。

---

① 周晓燕：《韩国电影中的女性主义意识》，《温州大学学报》2008 年 3 月。

《首尔站》中一开始便向观众讲述了惠善的惨淡境况，生活在社会底层，被好吃懒做的男友逼去卖淫。在丧尸爆发的过程中不断挣扎、抵抗却终究无法逃脱变成丧尸的命运，韩国电影中传统的女性悲情宿命形象，在惠善的身上一览无遗。而女性形象在《釜山行》中的表现则更加全面。首先是石宇的女儿秀安，我们往往只注意到石宇形象的转变，而忽视秀安在这一转变过程中起到的关键作用，第一处是在秀安给老人家让座时，石宇告诉她不必这样做，秀安说想到了自己的奶奶便让座了。第二处则是石宇为了避免隔离而带着女儿从地铁站的侧门走出时，秀安的情感爆发："你就是只想着自己，妈妈才会离开我们。"正是有了第一次的铺垫，这次的爆发才更有力度，石宇也是因为这句话而开始了转变的过程。其次是影片中的母亲形象，孕妇圣京无时无刻不在散发着母性的光辉，同时，她最后的存活，也代表这新生命和新希望的存活。更值得一提的是秀安的母亲这一形象，虽然她在片中从未出现，仅仅是通过电话而知道这样一个人物的存在，但是，从开始到结束秀安的目的就是要找到自己的母亲，同时，秀安母亲所在的釜山也是安全的象征。从这种意义上来说，无论是因片中所展现的人性层面还是道德层面的东西都是以"母亲"这一形象为目的地的，而片中男性无论是石宇还是尚华都是这一目的的践行者。最后是女高中生真熙，虽然她的戏份不多，但那种善良和为了爱情而不顾一切的勇气也给人们留下了深刻的印象，她与《首尔站》中的惠善有着相同的最终命运，但过程却幸福得多。影片中点题的一句话："我觉得这里更可怕。"也将人们带入深深的思考。

无论是作为命运的抗争者、转变的催化剂、人性与道德的目的地还是爱与希望的承载者，从《首尔站》到《釜山行》中女性形象的展现都成了必不可少的元素，而且这些有血有肉的形象也不再是《生化危机》系列中的爱莉丝和《僵尸世界大战》中的塞根那样的暴力机器，而是融入了具有东方女性特色的美感载体。

结　语

电影《釜山行》的成功与其营销手段的创新也有很大关系，它打破了韩国电影上映前的"媒体适应会"以及"售票适应会"等传统模式，在影片上映之前就获得了大批量观众的拥护。当然，最主要的原因还是在于电影本身，它遵循了鲁迅先生的"拿来主义"，把从好莱坞学到的电影类型拿回来，并融入了韩国的本土特色，《釜山行》中既有封闭空间、人性探讨等传统模式，又加上韩国本土的社会价值观、人伦道德等因素，使得整部影片工整之下又不失灵性。

当然，电影《釜山行》也并不是完美的，影片中也有许多逻辑上的矛盾和刻画上的瑕疵。但最重要的也是最值得思考的就是，局限在好莱坞故事模式中的"换汤不换药"。诚然，电影《首尔站》与《釜山行》已经在很大程度上对类型电影作出了突破和改变，但大多集中在改变影片中元素的配比上，并没有实现体制上的突破。西方框架下的东方故事或者更确切地说是好莱坞框架下的韩国故事，无论在剧情发展还是刻画人物上都有种隔靴搔痒的感觉，这就使得影片中的许多像"上车不关门"这种情节稍显尴尬。

在坚守中转变：许鞍华的电影世界

1979 年，电影《疯劫》让许鞍华这位留英归来的香港女导演进入大众视野，这部扭织着悬疑与推理、气氛惊悚、跳脱常规的电影处女作，及其后所拍摄的具有极为深刻人文性和高度女性敏锐的几部作品，为"香港电影新浪潮运动"达到高潮，扩大影响，贡献出了极为关键的力量，同时也使得许鞍华成为这场为香港电影开拓思路和视野的运动的主力旗手。纵观许鞍华的电影年表，她不断尝试各种风格类型的电影，其中有《投奔怒海》这样严肃主题的电影，也有《天水围的日与夜》这样温情感人的香港生活小品。到极富史诗感的电影《黄金时代》上映，许鞍华不断地向我们展示着她对电影的坚持与热爱。

70 年代末的香港，经济高度发展和腾飞，独立电影制片机构风起云涌，不少香港电影工作者企图改变以"四头"（噱头、拳头、枕头、鬼头）为主的香港电影而开辟新的发展道路。一批从国外电影学院毕业回港的年轻影视工作者，将他们的新潮思想、独特想法带到香港，一改20世纪五六十年代粤语片一味追忆过去的老旧姿态，抛下沉重的民族包袱，将目光更多地聚集到当下社会、都市生活。这些在香港土生土长、受西方教育的年轻导演们将强烈的本地感带入香港电影。这场"香港电影新浪潮运动"标志着香港电影与上一代中国本位粤语片的决裂。

在这场运动中，年轻的导演们具有开放的视野和自觉的电影影像意识，他们重视电影语言的创新，追求大胆、真实、具有视觉冲击力的画面效果，在电影的色彩、取景、自然光使用和剪辑等方面都具有强烈的形式感和风格化特征。虽然转变方向和重点相同，但每位"新浪潮"导演都没有陷入香港电影类型化的传统模式，他们的作品都带有极强的个人色彩。谭家明（"新浪潮"代表作《名剑》）走中产美学，徐克（"新浪潮"代表作、处女作《蝶变》）有一股神经质般的张力，而这一时期许鞍华的作品，则流露出深刻的人文关怀和高度的女性敏锐，是"香港电影新浪潮运动"中一道与众不同的风景线。

电影《疯劫》既是"香港电影新浪潮运动"的代表作，也是许鞍华的电影处女作。这部电影根据一起真实案件改编，许鞍华将香港龙虎山凶杀案改编成一个极富悬疑和推理性的故事。

略显诡异惊悚的佛像特写、超度亡魂的尼姑吟唱、突然冒起的焚烧纸人的火焰，鬼影幢幢、恍惚迷离，让这部电影一开头就充斥着浓重的恐怖氛围，而后大量暗调的画面、悚人的配乐使得故事更加离奇、诡异。而无论是从拍摄方法还是情节设计上，《疯劫》都没有表现出一点女性的柔软，这种独特的女性视角使得这个疯狂的爱情故事更像是一场冷峻的、对人性的思考。

早在电影《疯劫》之前，许鞍华在1978年转任香港电台，拍摄纪录片及短篇电视剧，其间导演了香港电视台拍摄的系列电视剧《狮子山下》（该剧内容均环绕着当时最切身的社会课题，忠实地记录了70至90年代香港社会的进化过程，为这20年间，香港社会的精神面貌留下重要的脚注）中的故事《来客》。许鞍华将视野投放到当时香港的越南难民，这个底层边缘人群上。

越南难民来港是香港历史很重要的一部分，越南难民同香港社会的矛盾，也是英国宣布香港为第一收容港后困扰香港很多年的议题。而越南当时所处离散、漂泊、人民身份认同感不确定的社会环境的状态，仿佛与香港都市生活中人与人之间日渐产生的疏离感、孤独感、边缘感，以及港人对自身身份认同的迷茫相契合，不少香港电影选择越南作为故事背景，如1989年徐克导演的电影《英雄本色3：夕阳之歌》。不同于徐克的江湖豪情和略显浪漫的故事呈现，许鞍华将视野集中到了越南难民上，她用极为写实的手法拍摄了"越南三部曲"——《狮子山下之来客》《胡越的故事》《投奔怒海》。

作为"越南三部曲"中的第一部，《狮子山下之来客》虽然是电视剧中的一集，只有四十多分钟，但它却是三部曲中最为写实也最为震撼的。影片中，三位从越南逃难来港的青年对生活有不同的选择。有人卖身"揾快钱"，希望获得美国居留权后，在异地开始新生活；有人面对现实，在画廊画"揾食画"，只求解决三餐一宿；有人依然怀抱梦想，希望到法国学画画。可惜难民身不由己，一生只能漂泊于命运的波涛里，唯一肯定的是他们都背负着一段残酷的过去。稚嫩的少年跑过枪林弹雨来到香港，那种孤独感、无助感在许鞍华写实的拍摄手法下得以饱满呈现，宿命感、漂泊离散的情绪、无处安身的无奈都在许鞍华和三个不会表演的演员的配合下直戳人心。片中对少年逃港前在越南的暴戾遭遇的呈现，让其中的每一个人物形象都因为有自己的历史、过往和苦衷而变得立体、饱满。

而现实状况是，在香港人那段越南难民来港的记忆中，充斥的都是监仓内越南人削尖长矛向外刺的暴戾形象，当时的香港人的普遍印象和情绪是把越南人关起来，或者花点钱送他们走。在这样的背景下回过头去看这部这么旧的、1978 年的作品时，能够给观众带来感动。香港电视台在接受政府补贴的情况下，对一些社会问题却不一定持官方态度，有时甚至对社会有一些批判，对一些主流的想法采取不合作态度。不得不佩服许鞍华这种野心和视野，能够在1978年港人反感越南难民的普遍印象下拍出这样的情绪，面对如此庞大而棘手的社会问题能够产生这样深厚的人文关怀。

与《狮子山下之来客》相比，"越南三部曲"的第二部《胡越的故事》多了几分故事感甚至是商业色彩，与前者写实的风格有所出入，但那种身不由己、漂泊离散、无处安身的情绪及难以抽离的宿命感，在这部电影中得到了延续。1981年是中英双方进行香港前途谈判的前一年，编剧张庭坚在这一年写下以游离、迷茫的越南难民为主角的《胡越的故事》，恰好与港人的身份认同忧虑、内心的漂泊感相呼应，故事甚至探讨了大环境控制下人无法逃脱悲剧命运的宿命，这些都对香港人的政治处理有所寄寓。

作为许鞍华"越南三部曲"的第三部，《投奔怒海》不再是难民逃港的故事，编剧邱刚建将故事设定在战争结束后不久的越南。许鞍华在这部电影的处理上冷峻、冷酷，少有温存留给观众，我们看到的是一个表面和平阳光，实则人性沦丧的战后国家。虚伪、暴戾的政府统治，被迫冒生命危险挖地雷而引发的爆炸，从死人衣兜里抢东西的少年，这一个个设定都引发出深度的人性刻画，难以想象这电影中暴戾的人间惨剧出自一个女导演之手。这部电影中，许鞍华的电影视听语言较之前的《疯劫》《胡越的故事》成熟很多，人物情感的递进也极富层次和力度，在那种自始至终都冷峻、冷酷的表现手法下，人性的丑陋与残忍暴露无遗。该片的监制、著名女演员夏梦认为这是她拍得最好的一部电影。作为刘德华的电影处女作，1982年该片在票房和口碑上的双丰收，为其在香港开拓了广阔的市场。另外，对自身身份认同的焦虑以及对香港政治前路的迷茫和担忧，让这部揭露人性的电影在港人眼中投射出一些政治隐喻，投奔怒海，仿佛港人也会在宿命的安排下投向一个未知的将来。

在"香港电影新浪潮运动"结束后的近十年时间里，许鞍华的电影事业陷入低谷，1991年，她拍摄的《极道追踪》和《上海假期》双双遭遇票房惨败，于是她远走日本，蛰伏四年，1995年的《女人四十》轰动华人影坛，不仅是1996年香港电影金像奖的大满贯作品，更是让萧芳芳在张曼玉之后再夺"柏林国际电影节"影后。这部《女人四十》与许鞍华早期气质奇异的"新浪潮"电影作品有很大区别，许鞍华仿佛逐渐开始有了一个女性导演的样子，开始喜欢用电影讲一些温情、感人、充满人间烟火气的家庭、邻里故事了，她讲生活的艰难，讲社会的现实，讲男人和女人人到中年的困惑和忧虑，讲婆婆妈妈、家长里短，也讲温柔、平实的亲情故事。

90 年代的香港电影，枪战片、武侠片依然是主要电影类型，王晶拍了《赌神》，赌片作为一种新的电影类型广受港台、内地、国外观众的喜爱，亦成为主要电影类型之一。这样看来，许鞍华的《女人四十》倒一点也不像香港电影，反倒跟台湾电影的风格有几分相似，家长里短、婆婆妈妈。之后的《千言万语》《男人四十》《姨妈的后现代生活》《天水围的日与夜》《桃姐》等，都是在普通、平常的生活中探寻生命的美好、人生的意义。如果说侯孝贤拍《恋恋风尘》《童年往事》《风柜来的人》《冬冬的假期》这些台湾乡土电影是在拍台湾人共同的生命记忆，用共同的生命记忆来引起共鸣，来感动观众，那么许鞍华则是在用一个一个看似不起眼的生活细节来唤起你的回忆，让观众感动。

侯孝贤式的长镜头中，有这样的画面：少年坐在板凳上朝大门的景深看去，这个画面里还有站在不远处的少年的嫂嫂，但是很奇怪，嫂嫂在画面里只有胸部到小腿肚这一节，头在画面外。这个画面看起来很不舒服，这样取景也不太合情理，但是细想就会发现，以一个十多岁少年的视角，来看一个女人，难道不就是这样的吗？十几岁的少年观察一个女性，往往还只是关注女性最原始的第二性征，并不具备把女性看成一个独立的个体来欣赏的想法。此时方觉侯孝贤的厉害，他唤起观众共同的生命记忆已经不需要依靠事件、情节了，直接用镜头、画面这些电影语言、用他作为一个导演的方式而不是作为一个编剧的方式来引起共鸣，这是侯孝贤的高明。许鞍华跟侯孝贤不一样，她可能不会像侯孝贤那样将生命记忆刻画进镜头、画面里，甚至她就用一个不那么高级的方法，忠诚地、尽量真实地记录下生活的细节。

所以，我们在看《女人四十》的时候就会觉得，这不过讲的就是一个 40 岁妇女的日常生活，无比从容地讲述着她这天吃的什么菜、做的什么事这些生活细碎的事情，并没有什么大起大落的剧情，也没有什么太过煽情的场面，但你看，许鞍华把这些细碎的生活细节与中年女人对人生的无奈、忧虑联系在一起，与家庭亲人间的悲欢离合联系在一起，萧芳芳只是跟罗家英一起牵手散个步，观众就在屏幕前哭了。

看完这种电影之后会生出对人生的感慨，并不是看到生活艰难而消沉，而是像很多日本电影里一样：人生真是很辛苦啊，但也还是要努力活下去呀！许鞍华的电影就没有日本电影里那么多道理可讲了，千言万语，都在一日三餐和日常对话中变成了暗潮，涌动在每一个生活细节里，一不小心就让人流下泪来。

后来的《天水围的日与夜》里，许鞍华更是将这种像日常生活纪录片一样的影像风格发挥到了极致，我们就看鲍起静上班、收工、买菜、做饭，她偶尔跟陈丽云闲扯两句家常就会让观众觉得很温馨，这不就是我们现实生活中平常的样子吗？吃饭在日常生活中是特别有利于大家相互联络感情的一件事，不像李安在《饮食男女》里安排父亲每周一顿地做一桌丰盛的菜来作为维护家庭体制的工具。在《天水围的日与夜》里，前后大概有十场戏在描写吃饭，它的吃饭没有形式感，演员就是平时吃饭的样子，导演也几乎放弃了所有可以夸耀的视听语言，自然就会生出一种难得的亲切感，让观众觉得温暖。许鞍华好像也只是在做一个生活的记录者，她记录着我们参与其中的人生，记录我们每个人都可能会有的隐秘或张扬的情感，只是记录，却往往能够从电影中看到自己，从而这近乎白描的记录，也可以感动我们。

让叶德娴获得"第68届威尼斯电影节"影后的《桃姐》也是一部风格相似的电影，一个老人院里的温情故事。在威尼斯电影节的发布会上，许鞍华回答TVB记者拍《桃姐》的原因时说，并不是因为香港的老人问题很严重才拍的这部电影，而是因为许鞍华今年也64岁了。她一生未婚，没有子女，与电影里的桃姐如出一辙，她可能也会思考老了以后怎么办。她说，"拍完这部电影后就不那么怕老了，不怕潦倒了"。老无所依是一件十分可怕的事，这让《桃姐》这个故事看起来那么残忍、凄凉，电影中桃姐和罗杰的时而拌嘴冲淡了这种凄凉，比如他们互相调侃对方眼光高，比如桃姐不让刚做完心脏手术的罗杰吃牛舌，罗杰用同样的方式不让桃姐吃腐乳。原本受阻的人生就在这样的斗嘴打趣中磕磕绊绊地走过来。许鞍华时不时给由生活白描而来的电影添加点幽默，这极为难得，许鞍华是为数不多的会拍女人、拍得好女人的导演，她电影里的女性角色总因为这样那样的理由让人印象深刻。许鞍华拍女人不是加以粉饰、精细雕刻，从街头巷尾的长舌家庭妇女，到叛逆乖张的女学生，她理解这些女人、懂得这些女人，她让各种各样的女人在她的镜头下散发出无比真实的生活气息而又让她们闪闪发光。这种对女人的精确解读和精准呈现，在许鞍华的学生关锦鹏的电影《阮玲玉》《胭脂扣》等中也可以看出来。

《女人四十》里的萧芳芳无疑是这部电影里最耀眼的一个角色，她像许鞍华其他电影里的女性角色一样有着独立意识，为家庭奔波劳累，但并不是中国传统女性"贤良淑德"、丢掉自我如同自杀一般地把自己奉献给家庭。许鞍华电影里的女人，有责任感，有担当，为家庭做出很多奉献，但是绝不会在其中失去自我。《女人四十》里萧芳芳在一家卷纸公司上班，同时又要照顾因婆婆去世而变得老年痴呆的公公，即使只能在工作和家庭的间隙中艰难生存，当罗家英让她放弃工作全心全意照顾家里的时候，她也会愤怒地一口回绝，并声称上班是自己人生最大的乐趣。不只是萧芳芳，《天水围的日与夜》里的鲍起静也是典型的许鞍华电影里的女性形象。她看上去比萧芳芳温和、从容许多，但骨子里，她一样在艰难清苦的生活中坚守自我，一样独立，只是这种女性的独立意识不再以激烈的方式表现出来。她14岁就开始供养两个弟弟读书，到现在弟弟都已功成名就，自己还是一个超市女工。但在面对这种经济上的差距时，她依然是一副淡淡然的样子，既没有因为这种差距而悲伤抱怨，也没有企图对当初的付出要求给予补偿和回报，她还是一如既往地照料自己同儿子的生活起居，就连跟弟弟们打麻将输钱都不让别人代付。她的独立、坚强就像是一种本能，对邻居陈丽云的照顾和帮助也如同出自一种本能，让人觉得舒服，没有压迫感。

一部《女人四十》让观众记住了萧芳芳，而2002年的一部《男人四十》，让观众难以忘记的，还是胡彩兰这样的女性角色，个性乖张，勇敢去爱，最后她没跟张学友饰演的老师在一起，许鞍华电影里的爱情几乎千篇一律地没有好下场，她称"我只是觉得惨一点的爱情故事比较动人"。但我们还是会记得在图书馆老师跟胡彩兰说话时的尴尬的表情，以及这个叫胡彩兰的娇俏女学生的调皮笑容。许鞍华早期充满厚重人文关怀的电影，刻画描绘的重点虽然不是其中的女性角色，但是却难掩那些女性角色的光芒。《投奔怒海》中的小琴娘娇俏可爱、勇敢坚强，马斯晨演活了这个越南小姑娘，让观众发自内心地喜欢上这个角色。缪骞人在这部电影中、风情万种的酒吧老板娘交际花这个角色也是让人不禁生出隐隐的心疼和喜欢。许鞍华后期的女同性恋电影《得闲炒饭》虽然口碑不佳，让人有些失望，但是其中的两个女主角都表现出了香港女性自由、独立的特点，尤其在与陈伟霆、张兆辉这两个男性角色的对比下，女性的独立、追求自我在香港显得无比自由，最后四人间混乱的关系居然可以在这两个女性自由行动的驱使下转变成为一种极为和谐的状态。

　　"香港电影之所以能够撑着，是因为我们幸运，因为我们还有王家卫，还有许鞍华，而不是因为有我和王晶。在这么困难的局面，还在拍跟文化沾边的电影，许鞍华、杜琪峰，甚至彭浩翔，这些人的电影，大部分时间不能进入内地，等于说票房跟他们无关，可是他们在抓文化定位，他们在抓香港人定位，抓本土文化的一些做法，如果不是他们的话，港片大概就已经没有生命力了。"香港电影导演协会会长、香港电影金像奖主席陈嘉上，在某讲坛上说。

"我觉得我拍戏的心态有点像一个赌徒，而且是一直不肯离台那种。"许鞍华对电影事业的满腔热情支撑着她走过了41年从影生涯。从"香港电影新浪潮"的因为感性主观表现出的若即若离、无所适从的边缘困境，到20世纪90年代开始的白描式记录生活，再到史诗般的电影《黄金时代》问世，年近古稀的许鞍华仍在不断向我们证明着，她的电影世界依然存在着无限可能。

从抽象到具象:《达·芬奇密码》的视听呈现

美国作家丹·布朗的小说《达·芬奇密码》是哈佛大学的宗教符号学教授罗伯特·兰登解决巴黎卢浮宫声望卓著的馆长雅克·索尼埃被谋杀的故事。小说以历史、艺术、宗教为导引,以文艺复兴时代为背景,精心编织出情节错综复杂而又险象环生的惊险故事情节,一度曾经连续15周高居美国最畅销电子图书榜首,一时间畅销全球。基于该小说成功的巨大号召力,制片方索尼旗下的哥伦比亚公司将小说编成了电影,成为2006年全球影坛的一件大事。无论是原著,还是改编电影;作者的真实意图是以此向社会发出警告,在集合侦探、惊悚和阴谋等多种风格,并激起大众对某些宗教理论的普遍兴趣,但这些隐性危机大多数人却并没有意识到。作者曾说,我"对有关大众对某些宗教理论的普遍兴趣，这是我小说的绝佳背景。于是，我开始创作《达·芬奇密码》。"

丹·布朗的《达·芬奇密码》

全篇情节紧张，悬念接踵而至，令人有一种欲罢不能的阅读快感。作者将外部情节的必然性和合理性与内部情节的偶然性和非理性有机联系起来，在平面上通过时间的流动性带给读者紧张感，同时又在平面上通过内部情节的安置将经历者裹挟于悬念之中。小说以凶杀—男女主人公卷入—悬念—追杀—逃亡等环节层层展开，以揭秘传统惊险小说模式为主要发展脉络，涉案人员必须在有限的时间内完成叙事。看似流水账的叙述中，巧妙地让同一时间段的不同情节穿插交替出现，实现了时间和空间的统一。

丹·布朗的目的无非是将读者义无反顾地带入一个由他主宰的悬疑世界。在构建故事过程中，他布置了一个又一个的迷魂阵，等待主人公陷入，全篇情节跌宕起伏、构思巧妙，令人叹为观止。他的高明之处是，总会让悬念随线索平行展开，使高潮在悬念后及时到来，制造悬念的同时又推动了情节的发展。丹·布朗作品的重要特色之一就是涉及了诸多方面的专业知识。作为一名博学多通、韵学杂艺、星卜象纬等无不精通的作家，他的作品中涵盖了密码学、数学、海洋学、天文学、地质学、宗教、文化、艺术、当代高新科技等各方面的知识。如何使对此知之甚少的读者明白便成了作家必须解决的一个问题，鉴于此，闪回技术成为作者采用的一种重要手段。这一点，可以在丹·布朗的处女作《数字城堡》那部融合高科技元素的悬疑小说中得到充分体现。作者采用闪回技术解释了诸多专业名词：如国安局、万能解密机、电会、头脑风暴软件、飞鱼算法、虫子、蠕虫、隐匿之王等。闪回技术在这里的使用取得了事半功倍的效果，它既确保了小说各条情节线叙述的连贯性，又避免了文中出现过多平铺直叙的知识点解释。

丹·布朗将情节不断地一个个扩展开去，井然有序，间次分明，既有并行、交替，又有穿插、重叠，如同编织出一张疏而不漏的大网，将繁复的情节和人物网罗其中。美国著名书评家珍妮·麦斯琳曾在《纽约时报》上对丹·布朗赞赏有加，她说："自从《哈里·波特》出版以来，还没有哪个小说作家像丹·布朗这样'罪大恶极'地用跌宕起伏的故事情节令读者喘不过气来，用一个又一个圈套哄得读者晕头转向。"丹·布朗的小说与传统的侦探小说在模式上最大的差别就在于结局部分。他的小说多以消解的结局为结局，而这种开放式的结尾，又是后现代主义小说的典型特征。这种结局一方面是由小说探讨的主题所决定的。作者在对美国社会进行了多年的深刻洞察、思考与关注后，在创作小说时探讨了时下人们广泛关注的一些问题，如国家安全与个人隐私的矛盾、科学与宗教的矛盾，以及政治道德与保密高科技之间的矛盾，这些在现今社会难以得到彻底解决的问题。这些尖锐问题决定了作者无法选择传统的善有善报的美好结局。

同名小说改编电影的艺术价值

该小说产生的巨大反响引起制片方索尼旗下的哥伦比亚公司的浓厚兴趣，将同名电影于 2006 年搬上荧屏。影片由奥斯卡军团助阵，英法美三地巨星加盟，法国总统大力支持，并特别允许在卢浮宫进行实地拍摄，使得影片《达·芬奇密码》成为该年度受全球广泛关注的影片。2006 年 5 月全球同步发行，一周创下 2.24 亿美元的票房佳绩。但看过此片后的观众反响平平。就有观众认为，影片叙事结构混乱，情节粗糙乏味。《今日美国》发表评论说："尽管《达·芬奇密码》是一部忠于原著的电影，但是很可惜，影片没有带给观众任何惊喜。"《波士顿先驱报》则表示："电影很平庸，没有悬念也没有浪漫，更重要的是没有趣味。"而给予原著的评价是：悬疑与动作的完美结合，故事架构庞大却不失可信度，剧情开展速度令人眼花缭乱，场景令人信服，讨人欢心与惹人讨厌的角色也调配得恰到好处。作者不是躲进小楼成一统，闭门造车，自我沉溺或极度自恋，挖掘自己的内心阴暗面或抖落自己的隐私，更不是靠低级的情节吸引大家的眼球，而是狠下一番功夫，走进人们的生活，走到学科的前沿。丹·布朗更懂得小说的定义和内涵，更尊重小说的读者，更尊重读者的领悟，更多地从读者角度出发考虑问题。他清楚地知道他应当为读者提供什么样的文本，知道自己该写什么，不该写什么，甚至能让不同层次的读者都能读些东西。他熟稔大众的审美情趣和文化消费心理，这是读者能够不虚此行的原因所在。影片开始不久便有人离奇死亡，此人拥有较高的社会地位，却突然在工作处所暴毙，自然受到警方的高度重视。线索人物或从梦中惊醒，抑或与逝者有直接的千丝万缕的联系；案发现场有密码或者说是神秘的指代符号，它们是攸关案情发展的线索；基于小说建构时围绕着查找死者的死因展开，一方面，是寻求突破口的一方发现线索后进行深入的研究，另一方面，却又有神秘人躲在暗处百般阻挠，不时添乱，伺机暗杀。作为目的性最强的一类通俗小说，侦探小说通常沿用亚里士多德提倡的线性的、渐进的以及基本符合因果关系的时间顺序，即小说以一次犯罪事件为开端，中间部分讲述侦探收集证据的过程，并在结尾揭开案件的真相。在布朗的小说中，同样运用这种通俗小说的创作模式，但他却对这一传统模式大胆改革，形成了一套独具特色的创作模式。其写作框架为：凶杀（开端）男/女主人公卷入其中—（发展）一系列凶杀及分悬念出现—（高潮）谜团的揭开—（结局）被消解的结局。

导演往往会将影响叙述事件发展的部分情节提前抖搂出来，适量给予观众想象延宕，表面上看似乎是在缓和冲突，实则却是进一步激化矛盾，以此吸引观众注意力。正如作者在小说里巧妙地糅杂了多种文化因素的同时，展示了他在符号学、文字学、艺术、宗教和历史等多方面的深厚造诣，以及他的高深的科学素养。导演对小说中的主人公哈佛大学符号学教授兰登进行了多侧面描述，包括对该人物的一系列社会活动的刻意安排，并在宗教内容活动中加入密码玄学，以及对电脑和互联网黑客侵入等。影片导演朗·霍华德将地球科学与高科技武器嵌入政治野心与钩心斗角的复杂故事选择性省略，巧妙地推演可信的情节，呈现给观众耳目一新、穿越异邦奇景而过的云霄飞车之旅紧张情节，如火烧谷仓，使阅读变得简约飞快、精彩异常。

对于原著《达·芬奇密码》里的郇山隐修会，明明是虚构的，却仍旧还会令观众产生浓厚的兴趣，这主要是因为丹·布朗使用了专业论文的写作形式，他构思的大部分背景使人容易产生错觉。这种说理式的小说叙事结构，可以有效地带动情节的发展，在对事件的层层剖析中，不断寻找并接近真相。以现实生活中的事件指代梦境中的离奇现象，最终到达由想象幻化到真实的境界。

小说和影片中出现诸多理解上的盲点，使我们不易领会作品所蕴含的文化深义，难以从当代社会的普遍性和巨大社会影响力着眼，把握《达·芬奇密码》引起共鸣的深刻缘由，从而造成我们知识点的巨大盲区。影片和书中表达的"新时代运动"的特征无非是反叛现代性、基督教文明和资本主义生活方式，它使长久被压制的异教思想对抗正统基督教观念。这种精神层面的反叛针对的主要是以下几个方面。

一是以欧洲为中心的历史观，被非西方文化的价值观来取而代之，如古巴比伦、古印度、古埃及及古老而又神秘的东方文化。二是以圣经神学为基础的基督教统治，被具有更加悠久传统的巫术、魔法、萨满教等多样性神幻世界所取代。三是主流的西方文明史中的希腊文化和希伯来文化，纵容游离于边缘的非主流文化得以重构和复兴；让由于受限于发展水平，原本兴盛的文化走向衰落，而今又重新兴起。四是父权制下以男性为中心的价值观的无能为力，使女性重新被圣化，让古老的女神精神信仰得到光复。

原著作者的灵感和思路皆来源于"新时代运动"。究其成长：成长于在一个宗教与科学和谐共处的家庭，从小迷恋解密。就读于菲利普·埃克塞特学院和阿姆斯特大学的学习让他接触到横跨各个学科的知识，学会了如何学习一门一窍不通的知识。从这个背景出发，在他的一系列小说里，我们甚至可以读到人类智力的极限，生死抉择的考验，科学与宗教的冲突，以及正义势力与邪恶势力的较量。布朗的小说在文化、宗教、科学乃至人类生存困境方面表现出了较为深刻的思考。作者并不是一味地卖弄学问，而是关注事件背后，揣摩其文化蕴涵及其与现世人的链接，从而提升其作品的整体性。我们把丹·布朗的小说称作文化悬疑小说一点也不为过。当然，西方相当比例的文学作品，特别是小说都有这样的特点，法国巴尔扎克的皇皇巨著中的那部《人间喜剧》，英国狄更斯的多部批判现实主义作品，美国爱伦坡的侦探小说和科幻小说，还有霍桑的罗曼司和梅尔维尔的鸿篇巨制，都令我们瞠目，读过他们的作品无不佩服其构建故事的水平和能力。通过自然而然引导读者思考当下应该关注的一些问题，抑或是关乎人类生存状况和未来命运的大是大非问题。读者生活在当下的现实中，而不是在虚空中，更不是在历史的沉沦中。尽管丹·布朗似乎也钩沉了大量的历史文化知识，《失落的秘符》《达·芬奇密码》和《天使与魔鬼》

中以一定的历史为背景，但我们却一点也看不出作者的学院派作风，他真正是活学活用，巧妙地安排与当下发生着密切关联。如果说《数字城堡》十多年前一出版时让我们关注的是美国公民隐私与国家安全两者之间的矛盾，现在看来这部小说给我们的启示已经远远涉及互联网的公共网络安全给我们带来的正反两方面影响以及对整个人类生活方式发生的改变带来的深刻冲击，现在我们已经感觉到它的普遍意义。《天使与魔鬼》中关键的道具：能量无比强大的反物质，几乎是使读者把科学与双刃剑联想到一起，使人很自然地去思考对科学发明的正确合理节制，应当生态地使用这一深层次问题，甚至会思考人类要避免自我毁灭的问题；《骗局》则是以美国总统大选为背景，关注政治道德国家安全与高科技之间的矛盾，可以说是高科技政治惊悚小说。对美国大选这一敏感话题的切入真是拨动读者的心弦，而高新科技等新元素的有机融入又极大增加作品的耐读性；《达·芬奇密码》则在艺术与宗教交织的谜团中破解古老的宗教悬案，对于这部小说可以有多种解读，但它对早已到来的上帝已死的信仰危机时代的这些人来说无疑是一剂强心药。它打破了人们多年来理性的沉寂，也可能是搅乱了很多诸如此类小说原本给人留下的印象。《数字城堡》借侦探小说的形式重新解读政府机构中潜藏的异教异端信息，从而在基督教传统压抑的缝隙中发掘出更加悠久的宗教信仰和观念。

结　语

在艺术创作中，感知、直觉、联想、想象、情感、理性等多种心理形式和谐融合，既有意识活动，又有无意识活动，既以形象思维为主，又离不开抽象思维和灵感思维，它们是辩证统一的关系。艺术生产作为一种特殊的精神生产，创作者除了需要具有一定的艺术才能和技巧外，还需要在深入观察、思考和体验生活以后，加以选择、加工、提炼、组合，并融会艺术家的想象、情感等多种心理因素，形成主体和客体的统一、现象与本质的统一、感性与理性的统一的审美意象。电影《达·芬奇密码》将许多影片类型，如惊险、侦探推理、犯罪等诸多形式元素融合在一起，并在叙事结构上超越一般侦探破案真相大白的结局等基本原则的惊险片。通过侦探推理片的情节模式，观众仿佛与兰登、索菲一起思考雅克·索尼埃留下的数字和句子到底有怎样的含义，我们也急于知道谜底是什么。导演朗·霍华德极力尊重原著，在这场影像传播和接受的现象里，接受美学主张的读者中心论有了它的实际意义。文学创作并非文学活动的终点，而是殊途同归的变相表达。在文学作品与观众的交往体系的环境中，使受众通过影视作品把握历史上的某种生活世界的艺术经验，达到人们思想融合、感情的沟通，才是艺术活动的最终目的。而在阅读小说的同时，读者却是通过阅读把作品的"潜在的存在"转化为"现实的存在"时，同样也得到了一次文学艺术的洗礼和熏陶。

《达·芬奇密码》作为推理侦探小说代表改编成电影的艺术价值，不仅包括历史价值，还包括经济价值和文化价值，它们之间既相对独立又相互关联。《达·芬奇密码》代表了丹·布朗的艺术个性和创作风格，探究其深藏在艺术作品中内在的含义或意味，它们具有多义性、模糊性和朦胧性，体现为一种哲理、诗情或神韵，观众用心灵去感悟和探究，才可真正领悟，这是文艺作品应有的艺术价值。

"泛化"传播的读图时代

大众文化的狂欢：网络剧白热化
趋势的"冷反思"

　　网络文学随着互联网的高速发展，兴起于 20 世纪 90 年代。出于其平民化的创作形式和通俗化的审美内涵，网络小说自进入 21 世纪以来积累了大量的年轻读者。2011 年《裸婚时代》《步步惊心》等热门网络小说被搬上银幕以后，网络小说的影视改编热至今方兴未艾。同时，相对低廉、快捷的网络播放平台，也使制作水平参差不齐的网络剧少了发行的后顾之忧。2016 年 5 月 23 日，由爱奇艺、新丽传媒、天神娱乐联合出品的网络剧《余罪》在爱奇艺影视门户上首播发行，仅上映三天，移动端播放量即突破 6 000 万，截至 6 月 20 日，第一季点击量高达 8.92 亿，仅上映一周的第二季也同时达到 4.32 亿，截至 7 月 13 日，《余罪》两季累计点击率更是超过 30 亿。庞大的数据不仅印证着受众群体的审美取向，更映射出网络剧复杂的媒介生态。那么如何看待这部由同名小说改编网络剧所引发的热潮，又如何认识其中蕴藏的大众审美心理？

非"二元对立"的形象认同

作为一部由爱奇艺自制自播的网络剧，首先《余罪》在题材上抛弃了如今正值风靡的玄幻仙侠类题材，转而聚焦于都市警匪题材。正面人物设置紧扣受众主体年龄，选择警校毕业的大学生。他们如同当下的大学毕业生一样，一方面内心充满正义和勇敢，另一方面也难以摆脱固执和懒惰。主角余罪痞性十足的形象塑造，充分印证高、大、全式的"英雄"塑造模式全面瓦解。与20世纪的警匪影视剧截然相反，英雄人物不再为了自我实现勇于牺牲，而是为了成全大义韬光养晦。不仅更加贴近生活实际，并且更加符合后现代意识形态。受众之所以认同余罪（张一山饰）的另类形象，归根结底在于其内心"反叛"精神在现实的规训中得到了浪漫的"升华"，这与后现代主义的反规则、反秩序体验如出一辙，充分显示出形象话语权由"英雄"下放到"草根"手中。受众在观影过程中，将真实的内心自我期待投射到主角身上，与之形成"镜像式"的自我认同，以此获得宣泄和满足。在这一点上，《余罪》如它的同名小说一样，追求的都是受众的感官体验而非精神思辨。

关于反派人物的角色塑造方式，《余罪》仍是内地警匪电视剧的套路模式，将大毒枭傅国生（张锦程饰）塑造成一名外表温顺，内心残忍的伪善者，如同 21 世纪初风靡一时的《黑洞》（2001）中文质彬彬的黑社会老大聂明宇（陈道明饰），《黑冰》（2001）中拥有高智商、高学历的毒贩郭小鹏（王志文饰）一样，《余罪》也以同样的方式复制出一个可供观众认同的大反派。人物的身份立场十分确定，表征刻画却极其暧昧，这一点与警匪电影《无间道》（2002）极为相似，到底哪一个才是真正的"我"，我到底想成为哪一个"我"，成为受众的思考主题。如果将影片完全内化成受众的内心想象，片中的每个人物都代表一种人格不同方面，那么正邪之间的博弈就如同人们内在的价值观碰撞，越是模糊混乱就越充满趣味。除此之外，影片中性格迥异的群像人物，不仅构成复杂的矛盾关系，让受众在故事里感受到属于自己的生活缩影，并将种种情感元素编码在故事剧情中，给受众提供强烈的情绪刺激。可以说整部网剧极"接地气"，几乎满足了人们对都市"英雄梦"的所有幻想。

受众"注意力"的强势掠夺

加拿大传播政治经济学家斯麦兹认为，商营大众传播媒介的主要产品是受众的注意力，而大众媒介生产的消息、思想、形象、娱乐、言论和信息只是吸引受众注意力的手段，媒介公司的使命其实是将受众集合并打包以便出售给广告商。在媒介渠道日益发达的今天，《余罪》的播出事实上是网络门户通过"大数据"分析，精心为媒介受众量身定做的文化诱饵，对观众取向与口味的迎合，归根结底是为了获取稀缺而不稳定的"注意力"，以此换取相应的经济回报。整部网剧叙事非常紧凑，情节跌宕起伏，环环相扣，一旦将受众代入影像，就持续激发紧张的情绪体验。与电视剧的高制作标准相比，《余罪》更侧重故事节奏而非情节逻辑。对叙事结构和细节逻辑的置若罔闻，使《余罪》的许多情节都无法推敲，尤其是第二季的故事推进更是简单生硬，许多角色的设置过于随意，剧情转折突兀粗暴，需之即来，挥之即去。一味地强化紧张、激烈的戏剧冲突，极大地忽视画面美感与理性思考，国产现代剧的传统硬伤暴露无遗，这也折射出网络剧制作成本低，水平差，过于注重商业效益等诸多弊端。

除此之外，为了吸引受众群体的注意力，片中涉及大量吸毒、械斗、凶杀、色情等黑色元素，虽然在审查制度的影响下，"三俗"内容的视听呈现仅仅浅尝辄止，但影片所产生的"青少年亚文化"消极影响不容小觑。《余罪》中对成年人社会秩序的破坏、颠覆态度极易使涉世未深的青少年产生错觉，把影片传递的暴力、叛逆等消极主题当成主流文化来对待，借助手机互联网这一媒介实现对成年人掌控世界的对抗和逃避，产生有悖传统价值观的消极作用，余罪在片中所呈现的暴躁、猥琐状态，即是青少年亚文化的显著特征。作为爱奇艺视频门户的自制网剧，《余罪》在价值观的梳理意义上远逊于2015年的热剧《灵魂摆渡》，虽然片中也不乏一些对社会问题，诸如社会治安、大学生就业等热点话题的反映，但往往只是草草一掠而过，并没有对现象和问题进行合理描述和深刻反思，因而《余罪》仍然是以娱乐为主要目的的商业产品，所能产生的社会效益微乎其微。这也是当下国产网络剧问题的症结所在，资本商业运营下的大众媒介和被娱乐业侵蚀了的受众，两者同样令人胆战心寒。

网络小说"改编热"的"冷反思"

尼尔·波兹曼曾说："毁掉我们的不是我们所憎恨的东西，而恰恰是我们所热爱的东西。"《余罪》在短时间的风靡不仅折射出当下网络小说的改编热，更反映出网络媒介正以一种前所未有的扩张态势改变着国人的生活方式。在如今影视界的"剧本荒"背景下，天马行空的网络小说改编可以算作影视剧未来发展的必经之路，它以低廉的成本、广泛的传播深受制片方和广大网迷的青睐，借助各大网络门户的网络小说庞大读者的大力宣传，几乎每一部热门网络小说的影视改编都能得到不菲的商业收益。正如《余罪》第二季发行之后，《老九门》相继在网络和微信上引发热潮如出一辙，网络媒介的传播效果通常在"群体感染"的作用下一哄而起，又一哄而散，值得反思是其传播方式，而非传播内容，正如传播大师麦克卢汉认为的那样：媒介即讯息，网剧生产量和点击率势如破竹的增长趋势，正充分印证着一个"全媒体"时代的全面到来。受众在移动终端上接收到的媒介讯息，很大程度决定着人们的"议程设置"，因而不能忽视当下网络文学改编影视产生的消极影响。

　　首先，热钱的涌入导致网络剧改编的类型重复，大量的跟风作品类型单一，审美疲劳。例如继网络剧《盗墓笔记》、电影《寻龙诀》《九层妖塔》在 2015 年大卖之后，盗墓题材 IP 持续扎堆，大部分作品情节老套、模式单一，缺乏创新，以致国产影片市场全面缩水，不利于影视文化产业的发展；其次，由于网络剧的制作周期短，上映途径广，利润空间大，大部分网络剧制作粗糙，艺术水准低，例如 2015 年由乐视网站播出的热剧《太子妃升职记》，虽然播出一个月点击量突破 20 亿，但却遭到广电总局的全面禁播，原因就在于其对受众猎奇心理盲目迎合，导致伦理价值观的全面丧失。因此注重网络剧的艺术水准和文化意义，在当下网络文学改编中显得尤为重要；最后，观众在提高自身网民素质的同时，相关部门要做好相应的监管工作。《余罪》第二季原本定于 6 月 13 日在爱奇艺上首播，由于百度云的提前泄密，致使爱奇艺不得不提前一天发行。网络盗版不仅影响受众点击量的分流，更使互联网生态环境大范围恶化，网民应自觉支持正版，文明上网。有关部门应做好监管工作，尊重劳动者的合法权益，维护网络文化产业的良性发展。

结　语

网络文学改编影视剧已成为近年来文化产业发展的新路线，影视与文学的"互文"关系，已使网络文化的受众群体得到最大限度的扩张。如今，越来越多的成熟作家和优秀导演加入网络文学的创作及影视改编的行列，即便网络剧的制作、发行尚且存在诸多问题，但随着整个产业链的不断完善，市场供求的不断调节，相关部门的有效把控，受众欣赏水平的不断提高，相信网络文学的改编会朝着健康方向不断发展，为丰富人们日益提高的精神文化需求，不断创作出更多制作精良、内涵丰富的影视作品。

视听语言的延伸：浅析中西方影视特效技术的发展与运用

　　影视媒体已经成为当前最为大众化，最具影响力的媒体形式。从好莱坞大片所创造的幻想世界，到电视新闻所关注的现实生活，再到铺天盖地的电视广告，无一不深刻地影响着我们的生活。过去，影视节目的制作是专业人员的工作，对大众来说似乎还笼罩着一层神秘的面纱。近十几年来，数字技术全面进入影视制作过程，计算机逐步取代了许多原有的影视设备，并在影视制作的各个环节发挥了重大作用。本文分为历史、创作原则、现状、前景与反思四个方面，对影视特效技术进行阐述。

好莱坞现代影视特效技术的起源与发展

　　特效是影视制作中不可或缺的一部分，贯穿在电影百年辉煌的发展历程中。传统的特效，是指在电影里靠特技演员用危险的动作或者是通过特殊的剪辑或洗印技术去达到一定的艺术效果。这种特效带有危险，往往有很多不可预料的因素出现，使拍摄期延长，制作成本高，制作的效果也比较受限。在20世纪六七十年代，传统电影特效开始向现代电影特效过渡，并迎来了现代电影特效的初级阶段，即电子电影特效，但还没等到其真正成熟，数字特效就问世了。1977年，美国导演乔治·卢卡斯将它运用到《星球大战》中，卢卡斯雇用约翰·戴克斯屈为《星球大战》做特效，工业光魔（Industrial Light & Magic，简称 ILM）公司创立。《星球大战》开了大量使用计算机技术合成电影画面的先河，在电影史上具有划时代的意义。而乔治·卢卡斯就是数字特效电影公认的奠基者和领导人。20世纪90年代诞生的《终结者》系列，以当时的条件而言，无论在电影艺术、世界观或计算机图形学技术层面，可谓经典之作。1991年的《终结者2》中出现了一位令人惊叹不已的液态金属人T1000，它能随意地改变自己的身体。而这一特技效果的前身就是1989年拍摄的《深渊》中的这个虚拟海底生物。1993年，《侏罗纪公园》创造了远古世纪恐龙的复活神话，让人们仿佛置身于侏罗纪时代。1997年，《泰坦尼克号》让80年前触冰沉没的"梦之船"重新浮出水面启航，展现给观众浩瀚海洋的宏大场面。

从此，随着计算机技术的飞速发展，电影工业迅速地走进了一个数字特效开创的新的创作天地。到1996年时美国的50%以上的影片用计算机技术制作画面。人类进入新世纪后，数字特效在电影中的应用更是不胜枚举。它已不仅仅是后期剪辑中的一个补充，而是渗入电影生产的方方面面，从剧本的创作、策划到前期的摄影、置景、道具，到后期的合成、剪辑，无处不发挥着它巨大的功力，让电影创作超出了人类有限的视点和运动轨迹。如今的"工业光魔"已成为特效制作领域规模最大、技术最先进的公司。来自"工业光魔"的特效大师，将电脑科学、软件创新与优雅的艺术完美、巧妙地结合在一起，带给观众一幅幅美轮美奂的画面。这些魔术师会把创新视觉的元素注入到每部电影中，于是意想不到的视觉冲击波一次次地向我们袭来。由此，真正的大片时代开始了。如今，更多的特效电影如《魔戒》《加勒比海盗》《黑客帝国》《金刚》《哈利·波特》《蜘蛛侠》《钢铁侠》《木乃伊》《功夫熊猫》等更是给了观众梦幻般的视觉感受，特效制作的技术比起卢卡斯时代也成熟许多，很多镜头甚至产生以假乱真的效果。

影视特效技术的处理技术与创作原则

早期影片的后期制作单纯指影片的剪辑，而这种剪辑是真正意义上的剪辑，剪辑师从大量经过冲洗的胶片中寻找需要的胶片，用剪刀将胶片剪断，再通过胶水将不同的片段粘贴在一起，这种原始的方法对于很多特殊技巧而言是无能为力的，随着电影技术的迅速发展，后期制作又肩负起了一个极其重要的职责——特技效果镜头的制作。人们通常所谓的特技镜头是指硬件设备无法直接拍到的镜头。早期的影视特技大多通过制作模型和胶片洗印合成两种手段，而计算机技术在电影中应用却为特技制作提供了更好的平台，人们可以在后期制作中采用三维动画的数字编辑来完成。在通常情况下，有两种镜头人们无法通过实际拍摄得到，一则是被拍摄的对象在现实环境中不存在，比如恐龙；二是即使拍摄对象存在于现实中，人们也无法进行拍摄，比如主角被洪水或者岩浆所吞没。拍摄这两种镜头时，电脑特技不失为一种完美的解决方法。

就通常观点看来，计算机可以对视频作品拍摄的图形图像特殊效果的处理大体上可以分为六个方面：（1）修复图像，运用后期处理技术改变原有影像的颜色、饱和度以及亮度，去掉画面中不应当出现的内容。（2）制作特殊造型，通过计算机的特殊绘制手段（比如 3DMAX 与 Maya 等动画制作软件），制作出自然界中已经消失或者根本不存在的动物或人物。（3）制作特殊的环境氛围，利用特效软件可以制作出爆炸和云彩翻滚等效果。（4）合成拍摄场景，将绿幕手段与特效软件相结合，将拍摄素材中的人物角色与其他场景相融合，创造出更加惊人的效果。（5）动画效果，利用虚拟设计出来的造型搭配拍摄场景，将真实人物替换为虚拟人物，减少拍摄时演员所承担的风险系数。（6）虚拟环境，利用计算机生成一个虚拟环境，通过各种动态捕捉设备对真实人物进行动态捕捉，使观众自然直接地感受与环境交互的虚拟场景。

真实是艺术创作的基本原则，"它既不像生活真实那样与生活本身是同一的，又不像科学真实那样能够验证和还原"。电影让人们做梦，好的电影让观众不愿醒来，但没有人愿意梦到自己司空见惯的人景物。影视特效让这个梦更加精彩，通过影视特效，电影创造出观众没见过，也没有想过的梦境。作为电影创作手段之一，影视特效的创作也遵循艺术创作的基本规律——真实。

（一）人景物、声光色逼真

人景物、声光色是视听语言最重要的元素，是构成画面信息的主要成分，影视特效处理这些视听元素的原则是复原它们相互间的整体关系，不论是虚拟生成，还是抠像生成，都应结合所处场景的环境光线情况，统一影调、色彩，恢复质感，才能达到逼真的效果。这一点做不好，会让观众察觉到哪些是影视特效的结果，从而产生渐离感。

（二）镜头的视点、运动和物体的运动轨迹合理

镜头的视点就是观众的视点，其合理的位置仍然要遵循真实感受的原则，其合理性是围绕人的视觉习惯有一定的拓展。镜头的运动也有其规律，传统的摄影机运动有着非常严谨、成熟的规范，在数字特效中仍然不能打破，如果随心所欲地让摄影机运动，会造成形式脱离内容的结果。物体的运动轨迹在自然界中早已形成，影视特效只有严格地复原，才能体验到真实。稍有偏差，立刻会改变人们认识事物的整体关系，造成不真实。

国内影视特效行业的现状

近几年国内 CG 特效进步明显，比较有名的公司有中影集团的华龙公司，还有一些国外特效公司在中国的分部，比方说多特蒙德、视点特艺等。但总体来说，国内 CG 特效水平与西方发达国家差了几个等级。如果说好莱坞特效制作公司是博士生，那么国内最好的公司也就是高中或中专生的水平。

近年国内电影投资较大而特效比较复杂的电影如《唐山大地震》《赤壁》等，主要部分都交给香港或国外特效公司完成。除去华龙等少数几家公司，国内绝大多数影视特效制作公司靠一些相对初级的电视剧特效和低成本电影生存，特点是制作费

用低，要求也不高，从业者勉强生存。

由于近年近千家大专院校开设了动画等相关专业，以及北京、上海、成都林林总总数百家培训机构，初级人才已远远超过市场需求，动画毕业生平均动画就业率估计不超过30%，刚就业的工资也大多在3 000元左右（北上广）。无数学生花掉高额学费和培训费，却无法在行业立足；而院校及绝大多数培训机构为了自身利益，不遗余力鼓吹CG行业及影视特效行业等缺口十数万，一声叹息。

国内电影业中，从投资人、制片人，到导演，对影视特效的认识还处在很缓慢的发展阶段，尽管人们都看到了美国影片带来的冲击。在我们已经具备了影视制作能力的今天，大众和媒体都表现出极大的兴趣，但这种兴趣并不是关注整个行业，而是关注美国电影中影视特效的同时，兼顾国内影视特效行业的一种关心。除了从业人员本身，并没有很多人关心影视特效工作。

在这种大环境下，影视特效的运用基本上有以下三种情况：（1）导演对影视特效感兴趣，想做些尝试。但尝试的规模很小，并不运用于电影生产的全过程中，所以不能取得很大的效果。（2）在不考虑回报的影片中，影视特效得到比较充分的应用。如《大闹天宫》《惊涛骇浪》。（3）影片创作者希望影视特效给影片增添些亮点和卖点。在《致命一击》中，用计算机辅助完成了一些很难实现或根本不能实现的镜头。

总而言之，影视特效尚未形成一种很规范的商业操作。真正出于商业目的的实用影视特效的影片很少，所以影视特效制作行业并没有形成。缺乏专业人员的窘境也困扰着这个尚未成型的行业，从事影视特效制作的人员很少是电影行业出身，多是计算机专业和美术专业的人员。对活动影像的理解还不够，用视听语言讲故事的本领还不强。随着时代的进步，影视特效的本质和作用逐渐被我国的电影人认可，并加以使用。

中国影视特效行业的前景与反思

在如今的全球化背景下的电影市场，虽然数字技术能够以视觉奇观起到一定的沟通不同文化的桥梁作用，但是，电影工作者仍然需要把这种数字特效技术融入一个能够被期待受众接受的叙事框架中，更大程度适应受众群体。如果在设计剧情的时候没有考虑观众的审美习惯和接受水平，那么即使有再多高超的特效，也很难博得观众的喜爱。

就目前而言，数字特效技术发展到现在的技术水平，可以说已经完全具备创造任何"真实的幻影"的可能，也就是说，单从技术层面而言，数字特效技术在制造影像上已经完全达到以假乱真的水准。但是数字特效技术作为一种客观存在的技术手段，其实际运用必然有一定的客观规律，当电影工作者使用它进行电影的艺术创作时，也必须遵循一定的客观规律。然而现阶段中国电影行业肯动脑筋的人不少；下功夫动手的人反而稀缺。尤其是一些对影视项目有决策权的人，一定不能对某些事情想当然。其实要想真正地追赶在我们前边奔跑的人，不能奢望跳跃，而应该让自己的双腿跑得更稳。寄望砸钱进去就能毕其功于一役，终难如愿以偿。用虚心的态度，请那些真正有技术的技术人员来我们这里做客。通过某些手段或渠道，令世界优秀的特效公司能够来内地办分公司或工作室。至少先让内地导演明了自己的想法是否可行，代价如何。然后通过越来越多的合作，踏踏实实地学习人家的手艺，不仅是那些炫目的电脑科技，更有那些落实在身体技能上的化妆、道具、模型等。跨越意味着遗漏，遗漏意味着偿还。如今内地特效面临的尴尬，在于我们太渴望一下就能追上别人。不如我们先学习手艺，先想一些可以运用现有技术当下就能成功的技术，再一步步提高，一步一个脚印地踏实前行，总会有坐上行业龙头地位的机会。

摧毁谎言的病疫：新媒体时代突发事件中谣言传播的治理策略研究

　　随着数字技术的发展，基于数字技术的网络飞速发展，从而造就形形色色的新媒体不断涌现。大至网络媒体，小至个人微博，人们获取信息的途径不断丰富。人们不单单是信息的接收者，同时也成为信息的传播者，甚至承担起媒体角色，这一点在突发事件爆发后表现得尤为突出。中国处于社会转型期，伴随转型期关键时刻到来的就是突发公共事件的高发期和社会危机高发期，少不了个人利用新媒体对突发事件进行跟进与评论，在这种情况下，有些个人或者职业道德低下的媒体为了自身利益便制造出谣言迷惑大众。随着突发事件波及范围的扩大以及传播的迅速，针对突发事件产生的谣言也就有传播范围广、传播速度快、影响力大的特点。突发事件中的谣言为社会公共管理以及社会稳定造成严重影响。在新媒体被广泛运用的今天，对利用新媒体在突发事件中传播谣言的现象急需研究出治理策略来。

新媒体与突发事件

（一）新媒体概述

学界对"新媒体"的定义存在分歧，各有不一，到现在对新媒体也没有确定的概念定义，但依据如今社会的发展现状，新媒体大致可划分为两类：一种是相对于"传统媒体"的新兴媒体；一种则是依托于数字技术将其与传统媒体进行数字化融合后形成的传统媒体的革新。

上海文广新闻传媒集团总裁黎瑞刚说："所谓新媒体，是一个相对的概念，是对于我们平时见到的报刊、广播、电视等传统媒体以后发展起来的新的媒体形态，最常见的就是数字媒体。"[1]黎瑞刚的阐述代表了一类人对新媒体的认识，新媒体的存在是相对于数字技术发展以前存在的传统媒体而言，它的产生和命名与传统媒体不可分割，它是对一个时代的划分。在这个概念之下，出过报纸、杂志、广播、电视这些传统媒体外新兴

---

① 廖祥忠：《何为新媒体》，《现代传播》2008 年 5 月。

的媒体形式均可称为"新媒体"。

然而，这样的区分有时候并不能明确划分出新媒体与传统媒体的界限。现在的媒介融合所出现的产物，既有传统媒体的灵魂，又有新媒体的特色。传统媒体与新媒体融合、三网融合、有线网与无线宽带网融合是如今社会媒体发展的现状和趋势。我们有理由相信，以"数字媒体"为核心，以网络、手机为代表的"新媒体"，在激烈的媒体竞争过程中必将脱颖而出，成为随处可见的万能媒体终端，并引领舆论新环境的时代潮流。

在这样一个新媒体环境下，人们获取信息的渠道和信息发布的平台则更加多元化。很多新兴的媒体平台，例如微博、微信、博客、论坛等都方便了受众自由选择信息，同时低门槛的信息发布条件也使受众同时成为信息发布者。在新媒体环境中，人们的舆论也更加自由化，随时随意发表观点已越来越日常化。

（二）突发事件理论简述

1. 突发事件的界定及分类

对于突发事件，国内还没有统一规定。《国家突发公共事件总体应急预案》规定，突发公共事件是指突然发生，造成或者可能造成严重社会危害，需要采取应急处置措施予以应对的自然灾害、事故灾难、公共卫生事件和社会安全事件。

突发公共事件按照不同的分类方法可分为不同类型。按照成因可分为：自然性突发事件，社会性突发事件；按照危害性可分为：轻度、中度、重度危害；按照可预测性可分为：可预测性，不可预测性；按照可防可控性分为：不可防不可控性，可防可控性；按照影响范围可分为：国际性，国家性，区域性，地方性；根据突发公共事件的发生过程、性质和机理可划分为：自然灾害类突发公共事件、事故灾难类突发公共事件、公共卫生类突发公共事件和社会安全类突发公共事件。

2. 突发事件的社会影响

突发公共事件，尤其是重大社会性突发事件，一般会引起整个社会的关注。重度不可预测性的突发公共事件就会引起人们对事件来龙去脉的好奇和关注，对事件跟进的期望值也就会急剧上升。一般来说，突发公共事件都是负面事件，且对当事人具有极大的危害性，会带来巨大的人员伤亡和财产损失，对社会和当事人的心理具有强烈的破坏性。如甘肃舟曲特大泥石流灾害、青海玉树地震等。突发公共事件一旦爆发，就会以极快的速度蔓延，同时，事件的发展会有一个持续性的过程，社会关注热点也将一直在该突发事件上，直至事件得到妥善处理或者更大的突发事件发生。所以，突发事件对社会的影响是相当大的，尤其在这个新媒体时代，人们获取信息的欲望不断上升，因此，对突发事件的重视度需不断加大。

（三）新媒体与突发事件的关系

1. 新媒体是突发事件信息发布的快捷通道

媒介是信息的传送者，人们了解信息都是通过形形色色的媒介平台。在突发事件爆发后，人们凭借网络等新媒体，发布事件零碎信息和了解碎片信息。了解情况的人可以先将所了解的信息在最活跃的新媒体——微博上进行发布，使更多的人了解事件。如果将网络上这些碎片化的信息进行整合和叠加，事件的整个信息则会被完整报道。这草根性的新闻报道往往不逊于传统媒体的新闻报道，而且很多时间在时效性方面占有很大的优势。这些通过新媒体发布的信息也往往填补了受众对信息的空白区。与此同时，官方媒体在突发事件爆发后虽没有事件发生的详细信息，但可以通过网络平台在第一时间告诉人们发生了什么事情，引发受众对事件的关注，填补传统媒体的缺陷，树立官媒权威。

2014年3月1日晚，在春城昆明火车站发生一起由分裂势力组织策划的无差别砍杀事件。事件发生初期时媒体称之为"昆明火车站砍杀"，在人们没有任何警惕性情况下造成29死143伤。事故发生后立刻引起国内外的密切关注，作为新媒体的代表——微博，在此次事件的报道中发挥了极其重要的作用。

事发后十分钟左右，微博网友 @上官鳖于 21:37 通过手机发布微博："云南昆明火车站发生暴力恐怖事件！！！！一伙人闯入候车广场，挥舞砍刀已经砍死七八个人了！！我们一群晚上赶火车的年轻人和父母儿童躲在公安局对面的一个手机店里！拉下门帘等救援不敢出门！人群都很恐慌很混乱！求救！我在这里 http：//t.cn/8kRE6。"这条微博被迅速转发，消息迅速在网络上传开，他的发布时间比国内媒体的最先报道还要早半个多小时。由此不难看出，突发事件发生后，新媒体成为事件发布最快，也是最便捷的通道。

2. 新媒体是突发事件跟进的重要途径

在突发事件爆发后，随着信息的扩散，人们对事件发展进程的关注度也在增加。随着新媒体的不断发展，网络、手机都成为人随时随地了解信息和发布信息的平台。传统媒体将调查到的信息第一时间公布，不断对事件进行跟踪报道，以满足受众的要求。公众在网络论坛、微博等的交流，也使事件过程在不断曝光中趋于真相。

在昆明火车站暴力事件爆发后，紧接着微博认证官媒 @新浪安徽、@深蓝财经网等就对事件进行转发以及跟进，新浪网以及昆明网都在第一时间对救援情况作出新闻报道，同时不断统计伤亡人数并予以公布。人们通过网络、手机等及时对事件进行跟进，在第一时间了解现场情况。

3. 新媒体是突发灾难事件的援救平台

当灾难事件发生后，新媒体这个平台又可以成为很好的救助平台。如今，网络新媒体已然成为公众心中的主流媒体，从网络获取信息已经成为突发事件后公众获取信息的主要通道。从以往突发事件发生后可以看出，网络往往将爱心人士集聚在一起，由陌生人变成为同一个目的作出奉献的人。

玉树地震发生后，公众通过网络持续关注灾区，在微博、QQ 等为灾区祈福，号召人们为灾区捐款捐物，更是有志愿者组成队伍亲赴灾区进行救助。青海玉树地震后，新浪官方微博"微博小秘书"在地震当天就发出了灾区寻亲方式，内容为"玉树 7.1 级地震牵动人心，无论您是寻找失散的亲友，还是为灾民求助，可发布＃青海求助＃加上求助内容，暂未注册微博的用户，可用短信直接发到＃青海求助＃的页面中（移动用户发到1069009009001。联通用户发到 1066888866001），请把这个信息传给您的朋友，让更多人了解灾区需求，使受灾同胞能够及时获得帮助！"类似于这种公益信息在网上发布并被广泛传播后会集合社会上所有力量，使突发事件的救助顺利进行。

4. 新媒体是谣言滋生的温床

由于新媒体门槛低，人人都可以成为信息的发布者，所以网络上的信息就不一定真实可靠。甚至有的人利用这个特点故意制造谣言，诋毁他人或者官方，又由于网络公民并非都理智，轻易相信网络信息，故又造成谣言的肆意传播。

近期网上热传的一条消息称，一种"香蕉艾滋病"已在东南亚大范围蔓延，全世界香蕉也将面临灭顶之灾。于是有些消费者开始联想，担心吃了有病的香蕉会损害健康甚至也会得"艾滋病"，一时谈蕉色变。经专家解释，网上所谓"香蕉艾滋病"全称为"黄叶病热带第4型"，是一种常见的农作物病症。早在1996年，广东就曾经遭遇到这一疾病的袭击，不过该病只发生在农作物身上，对人没有危害，况且患病香蕉树很难结出果实，即使结出了香蕉，食用后也不会让人得艾滋病，另外，海南作为我国主要香蕉产地，也出现过该病侵袭，但我国已有一套有效的控制手段①。也有专家认为，网上的传言太夸张，现在的市售香蕉可放心吃。据了解，目前没有药物能彻底消灭此病，这也是"香蕉艾滋病"一说的由来。一些人有意将此和某些疾病联系起来，造成消费者的恐慌，早前就有"香蕉癌症"一说被误传，导致我国地产香蕉价格一度大跌。

---

① 《"香蕉艾滋病"纯属谣言　市售香蕉市民可放心购买》，和讯新闻网：http://news.hexun.com/2014-04-14/163894360.html。

突发事件与谣言

(一)谣言概述

纵观古今,谣言自古就有。根据《社会科学新辞典》:谣言,指辗转传播的没有事实根据的消息。谣言的发生必须具备两个基本条件:一是为数众多的人同时对某件事关心;二是大家都缺乏关于此事的确切消息。[①]谣言一般发生在集合行为中,因为在集合行为中,正常的社会传播系统功能减弱,非常态的传播机制活跃化。例如,在大众传播公信力丧失、政府信息封锁严重或公开度低的状况下,人们与其相信报纸、电视等大众传媒的新闻报道和主渠道发布的正式信息,更倾向于相信来路不明的流言等。

谣言具有以下特点:(1)谣言是人为捏造,以"传播真相"的形式出现,目的是让人们"确信"或"相信"传播的言论或信息是"事实"。(2)谣言的内容往往涉及一些特殊的事件或者敏感的话题,这些事件或话题容易引起一般人的重视、关心或兴趣。(3)谣言没有确实的证据,或者说在流行期没有可靠的证据。在网络技术日益普及的情况下,谣言传播渠道、形态和

---

① 汝信、黄长:《社会科学新辞典》,重庆出版社 1998 年版。

特征也都有很大变化：网络言论主体多样化以及匿名性特点，使人们更难判断信息的可靠性；数字化电子传播使谣言传播速度达到实时程度；同时，网络论坛、微博、跟帖等发布平台的媒介性，也改变了过去谣言最开始主要由人际渠道传播的特点，使谣言有了大面积传播的可能。

（二）谣言传播的特点

谣言的传播有其自身的特点，谣言的传播效果是事件的重要性、相关信息的透明度与量度、公众舆论认知能力这三者共同作用的结果。因此，谣言的发生和传播也是需要相应的条件予以支持。

1. 奥尔波特的流言传播公式①

R＝I×A（流言流通量＝问题的重要性×证据的暧昧性），即流言的流通量，与问题的重要性和涉及该问题的证据暧昧性之乘积成正比。

谣言学先驱，美国社会学家 G.W.奥尔波特和 L.波斯特曼在《谣言心理学》一书中提出的总结谣言基本规律的著名公式，用文字来表达这一公式，意为谣言的流布量同问题对当事人的重要性和有关其命题的证据的暧昧性的和成比例。这个公式可以

---

① 郭庆光：《传播学教程》（第 2 版），中国石化出版社 2012 年版。

进一步作这样的解释：既然是"积"，只要重要性和暧昧性有一方是零，谣言就无从发生。如果问题对人们不重要，无论状况多么暧昧，流言也不会流传，同样，问题再重要，但状况不模糊，流言也不会广泛传播。

2. 目前考察流言的发生与传播通常采用的公式①

R＝I×A×U（流言流通量＝与问题的关联度×社会成员的不安感×环境的不确定性），其中"关联度"是指社会成员与流言信息所涉及问题的关联程度，人们与该问题关系越密切，越有卷入流言传播的可能，而且在通常情况下，流言是从关系最密切的群体中滋生和蔓延开来的。"不安感"强调的是留言发生和传播的心理条件，其中包含对事件未来发展的解释或忧惧。"不确定性"既是指环境的不稳定状态，也是由于权威信息渠道不通畅或公信力缺失导致的信息紊乱。

（三）突发事件与谣言产生的关系

在突发公共事件发生时，谣言凭借公众对事件的集中关注度而肆意蔓延，这时候如果社会不稳定因素多，公众好奇心重，谣言的滋生和蔓延更是给突发事件雪上添霜，更多地增加社会不稳定因素。突发事件中谣言的数量急剧增多，也是有着各方

---

① 郭庆光：《传播学教程》（第 2 版），中国石化出版社 2012 年版。

面因素的。

首先，突发事件发生后的信息空白期给谣言的制造和传播提供了有利的环境。由于缺乏准确信息，此时公众对于信息是空白的，信息的模糊则符合流言传播的条件，在这样的背景下，就会有人利用信息的不明确而发布错误信息或者故意造谣。

其次，重大突发事件，尤其对公众紧密相关的事件爆发后，人们的心理都比较紧张，对事件的关注度也很高，为了获取信息，公众容易相信网络上的相关信息，这就为造谣者提供一个良好的环境。同时，新媒体便捷的信息发布平台和获取信息平台，使公众在最短的时间内成为谣言的传递者。

最后，谣言产生的一个重要因素就是，突发事件后，政府信息公开的滞后导致的正规信息传播渠道（如传统媒体等）不畅通或功能减弱。很多时候，政府会通过信息屏蔽的方式来控制社会舆论从而将事件的负面影响降到最低，但在互联网成为社会主要的传播工具、信息传播渠道日益丰富的今天，这种掩盖事件真相的处理方式只会把一件普通的事件演化成为一场更大的政治危机或信任危机。公众需要及时、确切的信息，此时来自其他非常规渠道的信息却迅速产生了意想不到的效果。网友的声音一时间淹没了政府或传统媒体的声音，这也给谣言的产生和传播创造了条件。

综合上述不难看出，突发事件与谣言密不可分，两者相互影响。突发事件往往催生着谣言，谣言又进一步影响着突发事件的发展形势，影响着社会对该突发事件的关注角度和处理方式。

新媒体环境下突发事件中谣言传播的现状

如今新媒体环境下，突发事件的传播离不开新媒体这一载体，突发事件的传播又滋生着谣言。因此，产生于突发事件中的谣言则借助新媒体这一便利平台肆意传播。美国学者拉斯韦尔 1948 年在题为《传播在社会中的结构与功能》的论文中提出构成传播过程的五种基本要素，拉斯韦尔按照一定结构顺序将它们排列并形成后来人们称之为"5W"的模式，即 who（谁），say what（说了什么），in which channel（通过什么渠道），to whom（向谁说）和 with what effect（有什么效果）[①]。谣言作为一种虚假信息，同样满足信息传播的要素，从信源到信宿再到传播效果，每具备一个要素，都将为谣言的传播制造一个平台。与此同时，新媒体又给突发事件中的谣言插上了轻便的双翼，使其可以任意飞翔。

---

① 郭庆光：《传播学教程》，中国人民大学出版社 2011 年版。

（一）谣言信源的不确定性

信源往往就是消息的发出者，在新媒体环境中，谣言的发出者不再像以往一样由以眼睛所见的实物（或人）发出，如今的消息源遍布生活各处，活跃于各大网络媒体，因为网络的虚拟性，消息发布者也往往隐藏了自己真实的身份，所以，如今新媒体环境下，谣言信源的虚拟性和模糊性成为新的标志。同时，在新媒体环境下，信息的接收者同样也能扮演信息发布者的角色，改变了受众只能单纯被动地接收传统媒体给予信息的局面。这也使得信息源更加广泛化，谣言被制造的机会大大增多。各色各样的信息传播者虽分布在不同的地区进行信息搜集和发布，但他们统一于网络平台，将子虚乌有的消息或道听途说的内容经过编纂、整理，然后在自媒体上发布，这样既成为谣言接收者，又成为谣言的散布者。在突发事件刚发生后，一旦网络上发布一条关于事件吸引人的谣言，首先看到的网民就会变成该条谣言的第一级传播通道，然后看到谣言的网民通过自身拥有的网络朋友圈进行再次扩散，则谣言就会无限扩大和蔓延。所以，新媒体环境下谣言信源的复杂性和多元性又成为另一个新标志。纵观历次谣言高峰，均为突发事件中发生，因此，当突发事件发生后，借助新媒体这个便捷环境，谣言信源趋于复杂化，数量则不断增加。

（二）谣言内容的多样性

突发事件中，网络上的各种报道都会被当作消息进行传播，无论是真实的信息，还是谣言都能迅速成为左右公众心态和行为的重要内容。谣言的传播量越大，内容就越容易让人信服。数字技术的发达为谣言内容的多表现形式提供便利通道，谣言最常见的形式就是文字和图片，有时还有视频，多形式的展现让谣言的内容更逼真，更容易迷惑大众。

在3月8日马航出事故失联后，网上的谣言接二连三抢占着人们的眼球，这些谣言大多出现在社交网络等网络平台，这个时候，新浪微博处理了"越南通讯社宣称失联飞机已找到"等不实信息就有四百余条，其中，被转发数量较大的谣言截至3月11日就有13条。马航客机失联谣言中，一张水面上漂浮着降落飞机且有旅客幸存的图片被网友疯狂转发，后经核实，这张照片是2009年美国航班迫降哈德逊河的旧照。照片被一位天涯网友PS过，去掉了原图中的尾翼，并将机身上的名称改成了马航。随后，一张女记者在飞机前微笑的照片也在网上引起大规模转发和关注，这张图被解读为"搜救时记者笑容面对镜头"。但随即，新浪微博接到了多达690条的举报，这张照片实际上是该女记者2007年的一次获奖照片。谣言的内容所涉及的时间、地点等一些数据很详实，公众也常因为谣言报道中有看似具体真实的信息存在而草率相信，并且对谣言进行再次传播，传播次数的增多，受众因为从众心理也就信了。同时，网络提供给网民的互动平台在一定程度上提升了谣言内容的可信度。

（三）谣言传播渠道的新型化

谣言的传播渠道最大的特点就是集中在网络、手机等新媒体上，它们的散布必须借助新媒体这样的环境。在正规传统媒体进行谣言散布通常很少，甚至为零。突发事件中，人们急于了解事情真相和事情发展态势，网络、手机都是最便捷的信息获取通道，谣言也正是借助这个特点，通过网络、手机等渠道进行谣言散布，其散布速度和传播范围会是意想不到的惊人。如今，在突发事件爆发后，谣言的产生和传播大多是在网络上进行，剩余的渠道也基本为手机。在马航失联后，网络上有一句流行语："在微博等真相。"如今越来越多的人选择网络媒体关注事件发展，便于在手机和电脑上使用的社交媒体也愈发受到青睐，因此，借助网络社交媒体成为谣言散布的最佳传播渠道。

（四）谣言信宿的自主化

信宿也就是信息的接受者，即受众。在新媒体环境中，受众也有了新的特点。首先，受众可以在手机、网络上自由浏览信息，选择自己感兴趣的信息，谣言大多又有吸引人的内容，故其凭借网民的自主选择性有力地占据了信息传播优势。其次，网络的虚拟性则满足一部分人在现实生活中得不到的重视感，有的人就借用网络满足现实生活所缺。当谣言刚发布后，这些人为了彰显自己信息量大、提高自己的网络关注度，则不负责地将谣言进行传播。第三，网民的从众心理所造成的集合行为，使谣言进一步扩散。

（五）谣言传播效果的扩大化

传播效果是指传播对人的行为产生的有效结果。具体指受传者接收信息后，在知识、情感、态度、行为等方面发生的变化，通常意味着传播活动在多大程度上实现了传播者的意图或目的。广义上，传播效果指传播行为所引起的客观结果，包括对他人和周围社会实际发生作用的一切影响和后果；狭义上，是传播者的某种行为实现其意图或目标的程度。通常，在处于突发公共事件的特殊环境下，网络谣言往往能引发公众许多关注，谣言的传播效果越好，对社会稳定的影响越大，甚至造成更严重的后果。马航失联后，一位失联家属拿着手机告诉中新社记者，航班失联的六十多个小时里，看到的"一半以上都是假消息"，"很难想象这些传播假消息的人是关心，还是无聊凑热闹"[1]。这

---

[1]　蒋涛、曾雨艾《关注马航失联航班家属：勿传谣言，祈福马航》，中国新闻网：http://www.chinanews.com/gn/2014/03-10/5933306.shtml。

种传播不确定消息的做法会引起失联家属情绪的强烈波动，不利于对失联家属开展心理辅导。谣言者利用突发事件的背景制造谣言不管出于什么目的，但给社会带来的恶劣影响是必然的。

新媒体环境下重大事件中谣言的治理策略

（一）针对谣言信源的治理策略

中国古语道"祸从口出"，想要避免"祸"的发生，则必须管好"口"。谣言的发布者是掀起谣言传播的罪魁祸首，要想根治谣言，则需首先从谣言的信源上进行治理，从而防止谣言的出现或将谣言止于萌芽状态。

首先，政府应充当好"把关人"。"把关人"概念由美国社会心理学家、传播学奠基人之一的库尔特·卢因提出，他认为在群体传播过程中存在着一些把关人，只有符合群体规范或把关人价值标准的信息内容才能进入传播的渠道。政府机关作为消息权威发布的"把关人"，在发布消息时必须以准确的数据作为参考，不能跟随大众媒体；同时，官方媒体在做新闻报道时，必须调查清楚事情真相，做真实报道，不给蓄意造假的事件出现在官方媒体的机会，并且及时公布公开信息，让信息透明化，不给造谣者制造谣言的机会。

其次，提高网民素质，减少谣言传播。谣言之所以能够广泛传播，就是利用了不了解情况的网民。这些网民在不理智和缺乏信息的情况下，就做了造谣者的传播工具。所以，在突发事件爆发后，针对非官方发布的信息，一定要慎重审视，不随意转发或再次发布。对此，政府应该加强科学知识宣传，普及科学常识，公众也应学习相关网络常识，政府与公众一起努力，将谣言止于开端，不去做一个谣言传播者。

（二）针对谣言传播过程的治理策略

首先，做好网络信息监管工作，切断网络谣言的传播渠道。如今，谣言之所以能够广泛传播，在于新媒体环境下便利的发布条件。媒体尤其是网络媒体要遵守法律法规和行业公约，不为网络谣言的传播提供平台。同时，要配合政府相关部门治理谣言。网络企业机构要进一步健全内部管理机制，提高谣言防控技术水平，建立高质量"防火墙"，并且规范各类载体平台如新闻网站互动专栏、BBS、微博等的信息发布流程，从内部监测网络谣言，及时过滤有害信息并主动删除恶性谣言，将谣言封堵于产生初期，不给其传播渠道。

其次，规范信息发布机制，建立用户举报机制。主流网站的信息发布平台必须规范信息发布，用户在发布信息时需实名注册，对于所发布的信息要经过网站内部软件的自动审核，将所有信息发布者的信息进行采集，有效防止恶性谣言发布。同时，网站可以建立举报制度，对于网民举报的信息需认真进行追踪，对于网民举报属实的虚假信息，对举报者给予奖励，对虚假信息的发布者进行处罚。

第三，舆情检测部门应发挥"意见领袖"作用。在突发事件发生后，政府官方信息发布不及时，便会给谣言的制造和传播提供便利。及时地公开信息，发布信息，是制止谣言盛行的最好方式。建立完善的信息舆情检测、分析机制，第一时间发现谣言，处理谣言，将谣言的危害降到最小。同时，舆情检测部门要积极发挥"意见领袖"的作用，引导正确的社会舆论。

最后，媒体应用"议程设置"控制舆论。媒体对谣言的报道往往助长了谣言的滋生，推动了突发事件后谣言的高峰期到来。媒体在突发事件谣言传播中的作用不可小觑。媒体应当在报道中积极采用官方可靠报道，不去关注社会中出现的谣言，尽可能地缩小谣言的影响范围，起到"议程设置"的作用，转移公众注意力。

（三）针对谣言信宿的治理策略

公众是最终的信息接收者，也是谣言传播者最终的传播目的地，加强网民素质，提高谣言免疫力十分关键。首先，公众应该在法律和道德的范围内运用网络，通过树立防范意识来鉴别谣言。因此，社会公众要树立批判意识，运用自身的知识基础、生活阅历等理智分析网络信息，辨别网络谣言。

其次，通过加强科学知识的学习和媒介素养的提高等途径来增强识假能力，避免受到谣言蛊惑。最后，主动揭发和揭穿谣言，共同为社会安定和健康作出贡献。

（四）针对谣言效果的治理策略

谣言的肆意传播，对公众，对社会都会造成严重的危害，谣言一旦传播开来，它所产生的效果必须采取措施进行善后处理，将它造成的危害降到最低。

首先，制定相关法律制度，惩处谣言制造者。严格的法律惩处制度，会让谣言制造者有些许忌惮。对于违反法律制造谣言，并对社会造成一定危害的谣言散布者进行严格惩处，这样，才能起到社会示范作用，减少谣言制造者散布谣言的念头。

其次，媒体应对整个事件进行跟进报道及评论。媒体最后的跟进与评论会起到社会教育作用，不但增强公众识别谣言的意识，提高谣言辨识能力，还能对谣言散布者进行社会教化，使全体网民的素质得到提升。

最后，政府应对谣言受害者给予适当安抚。谣言的社会影响力是巨大的，被谣言侵害的受害者很多会因此受到很大打击，因此，政府部门有责任为受害者澄清，并给予受害者发出声音的机会，使受害者受到的伤害缩减到最小。

结　语

　　人们的生活越来越离不开新媒体，尤其在突发事件爆发后，人们因为信息的缺乏而不断去捕捉新的信息，同时，新媒体又给人们提供了便捷的通道，所以，利用新媒体去获取突发事件的情况日益频繁。在这种环境下，谣言就趁虚而入，不断滋生和蔓延。谣言的传播会给社会带来恶劣影响，危害社会稳定，所以，对谣言的治理刻不容缓，要很好地治理谣言，则需要依据现今大环境，根据谣言要素和传播特点，对症下药，全面整治，使谣言治理取得良好的效果。

在模式中创新：艺术硕士培养模式的创新定位

艺术硕士（Master of Fine Arts）专业学位研究生教育在我国尚处于起步阶段，自国务院学位委员会 21 次全体会议上通过并批准自 2005 年起在我国建立艺术硕士以来，截至 2011 年民办高校首次获得艺术学硕士学位，全国共有 105 所高校有招收艺术硕士（MFA）的资格。对于从 1981 年我国实施《中华人民共和国学位条例》，重点培养以教学、科研人才为主的学术型硕士的教育发展而言，可以说开展艺术硕士专业学位（MFA）教育是我国艺术学学位与研究生教育改革的重要内容。它突破了艺术学高层次人才培养长期以来人才选拔局限、培养规格单一、专业水平与社会脱节等重点问题。深化改革，突出特色，学习和借鉴国外高层次艺术专业人才培养的先进经验，已然成为当下我国艺术硕士专业学位研究生教育的"新常态",如何积极探索中国特色的艺术硕士专业研究生教育制度、主动适应社会经济发展和国际化标准,提高我国艺术教育和文化事业整体水平,是高校艺术硕士培养"不忘初心,继续前进"的职责关键所在,那么高校如何在坚持教育改革大方向的同时,结合自身区域优势和文化特色,不断寻求艺术硕士培养创新?

坚持中国本土文化特色

艺术硕士专业学位涉及文学、音乐、舞蹈、美术、艺术设计、电影、戏剧、戏曲、广播电视、新媒体制作等多门艺术领域。"艺术无国界,艺术家有国界",艺术可以跨越时空的阻碍,成为世界上不同肤色、不同语言的人们交流的共同点。全球化时代的中国影视追求应当坚持本土特性与世界品位的有机统一,使具有中国特色的本土色调与民族风采在全球化视野中大放异彩。中华文化艺术博大精深、源远流长,但我国的艺术专业的教育培养与国外相比却起步较晚,面对"内容"的庞杂和"形式"的单一,西北师范大学艺术硕士教育的"本土化创新"成为重中之重,其内涵不应只体现在具体艺术门类的培养内容上,还应当体现在我国艺术硕士培养的模式和宗旨方面。

早在公元前 1046 年的周朝,官学就要求学生掌握"礼、乐、射、御、书、数"六种基本才能，及至春秋时期孔子儒学"诗、书、礼、乐、易、春秋"六经之说，"六艺"这一传统文化概念已成为颇具中国本土教育特色的范例之一。西北师范大学传媒学院（新闻学院）自2012年重组伊始，便制定以"传媒六艺"为宗旨的办学方向，而新时代的"六艺"则包括礼、乐、摄、制、书、说。旨在培养学生的专业理论知识水平基础上，全面提升学生的专业技能和综合素质。通过聘请传媒业界知名人士实行"双导师制"，让艺术硕士在读研究生得到更多的实践机会和社会经验，使理论与实践更加紧密的结合，同时避免了"纸上谈兵"，使学生能够紧扣时代脉搏和社会需求，为我国的文艺事业发展作出思考和贡献；学院在课程设置方面通过"文化名人进校园"活动，积极开展各类讲座、研讨会及"重返经典"电视公开课，不仅提高了学生自身的人文素养，并且在课堂、讲座的前期预告，中期录制，后期推广中，让学生认识到一条完整的文化产业链，培养学生的全局意识，增强学生对媒介与技术的掌握能力；通过启动"传媒六艺·三百计划"（即经典文本100本阅读计划、经典影片100部赏析计划和写作能力100篇训练计划），有效利用学生的课余时间提高自身的阅读、鉴赏、写作能力，并通过学院开办的"非常道传媒""六艺传媒"等微信公众平台，将经典学术文章及学生的优秀论文予以公开发表，不仅营造出良好的学术氛围，并且有利于培养学生对新媒体的使用能力；除此之外，西北师大传媒学院通过与甘肃汉之韵文化传媒有限公司、《读者》动漫公司等优质媒体展开校企合作，评选"六艺"全能人才等形式对学生进行全面拓展培养，努力将艺术硕士研究生培养成"一专多长"的复合型人才。

文艺工作是党和人民事业的重要组成部分，我国艺术硕士的培养首要原则是坚持为人民服务、为社会主义服务方向，因此人才培养首先要立足于我国当下的基本国情。在高校艺术类专业硬件设施尚不完善的情况，合理分配有限的教育资源，平衡调配知识结构显得尤为重要。"传媒六艺"以古为鉴，不仅坚持了本土化办学特色，更确立了培养学生综合素质的办学宗旨。在培养应用型的专业人才方面，课程的设置也有效地将艺术硕士的专业特点和实践能力紧密地结合在了一起，对于我国艺术硕士的教育培养提供了较好的范式。只有立足国情、坚持本土特色，积累大量的艺术实践经验，才能在"百花齐放，百家争鸣"文艺方针下，不断为繁荣祖国文艺百花园、满足人民群众精神文化需求培养高端艺术人才，才能进一步增强文艺界大团结、促进文艺创作大繁荣、推动文艺事业大发展。

紧扣时代脉搏

根据学位办〔2005〕9号文件精神，艺术硕士专业学位培养目标为高层次、应用型艺术专门人才。21世纪是一个高度信息化的创意经济时代，艺术硕士作为专业学位的一种，虽然具有明确的培养重点，但其"职业背景"却并不突出，致使其专业地位和发展受到限制。针对这一现状，我国的艺术硕士培养必须切合时代需要，立足当下，放眼未来，在把握现实可行性的同时，具备一定的前沿性，培养文化创意产业的生力军。挖掘其艺术硕士专业学位的本质属性，从专业设置、培养方向等方面进一步与学术性学位相区别，适应市场和时代的需要，强化职业性质，将艺术硕士打造为相关行业准入资格认定的权威品牌。

在新媒体时代中，数据新闻是新闻技术的重要突破点之一，数据可视化作为一种更直接、具象的新闻表现形式是一种更直接的新闻表现形式，并且也更接近传播的本质。西北师范大学虽然地处我国相对落后的西北地区，但始终独具前瞻性目光。于2015年7月联合全国众多机构，在甘肃举办首届中国数据新闻大赛暨中国数据新闻教育发展高峰研讨会，就数据新闻现状与国际前沿研究、现代科学技术下的数据新闻制作研究、数据新闻教学体系研究、数据新闻中外业界的研究与实践等多项传媒界前沿主题进行探讨，学界与业界就国内数据新闻人才的培养模式、推动国内数据新闻的发展等方面形成共识。并于2016年5月联合北京师范大学举办第二届数据新闻大赛暨"一带一路"传媒高峰论坛，收到来自全国70多所机构120余支队伍的作品108份，不仅对于全国部校共建战略的实施具有一定的示范意义，并且对于提升甘肃省的传媒教育科研和从业人员水平具有战略意义。除了关注传媒学科的前沿问题之外，西北师大传媒学院还注重尖端技术人才的实践培养。2016年是中国VR产业爆发元年，据估计未来5年其市场规模将增长至500亿元左右，2020年全国VR人才缺口至少近百万。西北师范大学传媒学院于2016年7月，在全国范围组织"VR虚拟现实技术与高校影视教学"实战研修班，来自北京电影学院、中国传媒大学、上海大学、浙江传媒学院等20余家高校的专家学者参与此次培训。让全国高校的影视师资力量跟上时代前沿，培养出更多的高层次VR人才，繁荣影视艺术创作、推动中国高校影视专业的发展。

"科技是第一生产力"，艺术行业的发展同样有赖于科技的不断提高。艺术硕士的培养应当与时俱进，除了加强理论知识储备以外，还应为其创造接触时下前沿观念和技术的机会。看清专业优秀的高层次艺术教育与社会发展、学科发展之间的内在联系，抓住艺术硕士研究生培养显著的实践性特点，为其今后步入相关工作岗位提供前所未有的机遇。不能单纯以学术型学位的标准要求、衡量他们，但同时又不能完全以具体的技术环节来制约人才格局，应当在保持研究生应有的综合素质培养情况下，努力开拓眼界，使其具备全局意识的同时，对行业发展有着深刻理解，并具备一技之长，促进艺术类行业的良性发展。

加强国际化合作

在经济全球化、全球发展化的发展趋势下，学校教育也必将面临国际竞争，这就要求学校的发展面向世界，树立全球化的教育观念。欧美发达国家的经验表明，在科技高度发达的今天，单一的研究生培养模式已经难以满足社会与经济高速发展的要求，研究生培养模式的多元化是研究生教育发展的必然趋势。这一方面要求老师要在人才培养的过程中，摒弃传统、落后的教育方式方法，了解和吸取国外教学模式的长处，另一方面也要求培养学生的国际意识和对多元文化的理解，帮助学生从全国和全人类的广阔视野来理解判断问题，提高学生在国际社会的竞争力。

2015 年 7 月 20 日，由北京师范大学中国文化国际传播研究院（AICCC）发起并组织，以"人·家·国"为主题的 2015"看中国·外国青年影像计划（兰州行）"活动在西北师范大学开幕。此项目自 2011 年启动以来，已经成功举办四届，西北师范大学传媒学院承办了 2015 年活动。在 17 天的创作周期中，来自新加坡南洋理工大学、芬兰赫尔辛基应用科技大学、芬兰土尔库大学等高校的 13 名大学师生和西北师范大学传媒学院师生一对一结对，深入兰州生活的各个角落，以国际化的独特视角完成了《兰州味儿》《来一碗兰州牛肉面》《倾听兰州》等 7 部 10 分钟左右的纪录短片，以视听语言的方式让世界目睹到多彩的兰州，弘扬了中国文化的价值所在，以青年专业知识分子的视角，为世界共享中国文化作出独特贡献。

事实上，艺术硕士专业学位作为我国学习借鉴国外高层次艺术专门人才培养的先进经验而设立的一种新型招生形式，必然走上国际化发展道路，接受国际化竞争与挑战。在全球化趋势的日益驱动下，坚守本土文化创新，加强国际间的交流合作已然成为教育事业改革发展的新趋势。西北师范大学把握时代，利用自身的地缘环境优势积极响应国家"一带一路"倡议，不仅符合时代主旋律，并且在立足本土的基础上将民族艺术加以弘扬。2016 年 6 月 6 日，"看中国·外国青年影像计划（甘肃行）"活动在西北师范大学启动，以"民族·风采·文化"为主题，与北京师范大学等 13 所国内高校合作承担 2016 年的交流活动任务，将这种国际交流、合作的教育培养模式延续下来。2016 年 7 月 5 日中国教育政策研究院为支持"一带一路"倡议，落实教育发展规划，在西北师大成立了中国教育政策研究院"一带一路"倡议与教育发展研究中心。不仅为甘肃教育事业发展作出贡献，并对我国艺术硕士教育培养模式创新产生了极大借鉴意义。

结　语

立足本土、与时俱进、坚持国际化创新，不仅是我国研究生培养模式逐步实现多元化、世界化的历史趋势，也是社会和经济发展的迫切要求。从 2008 年全国 34 所高等院校获得招收艺术硕士的资格开始算起，至今不过 8 年的发展历史，从无到有，由封闭到开放，艺术硕士的教育培养在改革中不断发展壮大，只要我们教育工作者能够适应社会发展的需要，不断创新，锐意进取，就一定能探索出中国特色的艺术硕士培养模式。

真人秀在电影中的运用研究

引　言

近年来，随着电视真人秀节目的火热，国内出现不少"真人秀"的电影，如按照电视真人秀节目《爸爸去哪儿》《中国好声音》《奔跑吧兄弟》改编制作的电影《爸爸去哪儿大电影》《中国好声音之为你转身》和《奔跑吧兄弟大电影》等，引发了人们对于真人秀节目改编为电影的争议。事实上国内最早由真人秀节目改编成为电影的案例起始于2009年，当年《乐火男孩》的上映就是改编自湖南卫视电视节目《快乐男声》，但电影的上映并没有引起多大反响，票房收入也表现平平。这些电影虽然都改编自电视真人秀节目，却在其中不一定存在真人秀形态。

以《中国好声音之为你转身》《奔跑吧兄弟》等代表的电影虽然沿用电视节目的名字，但电影情节与形式的展现已经和电视节目没有关系。另一种是以《爸爸去哪儿大电影》为代表，延伸和拓展了电视节目内容，将优质资源进行整合，在技术上也更臻完美，但在形式上基本继承了电视节目的表现方式，所以很多人认为这只是电视节目在电影院放映而已。

本文所论述真人秀在电影中的运用，讨论的是电影中的真人秀电视文化，电影中的主人公是以电视人的身份出现，整个电影的剧情是对电视真人秀节目的呈现，展现出电视节目的策划、宗旨定位、形式特点等完整的制作机制，更重要的是电影里对电视观众的表现，电视真人秀的基本特征被放大呈现，展现出电影对电视真人秀节目的深刻思考，包含了电影人对电视文化的认知。

真人秀是电影与电视在艺术手法上不断发展出的新的表现形态，伴随着电视真人秀节目这些年风靡全球的态势，电影也越来越多地关注到真人秀。但从历史上看，电影中的真人秀早已有之，从 20 世纪 80 年代的《威龙猛将》发端，已有三十多年历史，最为经典的要数美国派拉蒙公司于 1998 年推出的电影《楚门的世界》，这部电影刻画的主人公从一出生便在毫不知情的情况下成为一档电视真人秀节目的主角，过着毫无隐私的生活。这部充斥着黑色幽默的电影在票房上极为成功，斩获了第71 届奥斯卡最佳剧本奖，金球奖最佳男主角和最佳男配角三项殊荣。使得真人秀题材电影这一小众电影被广泛关注，在第二年电视节目中开始大量出现，引发全球收视热潮并持续至今。

本文以美国电影为例讨论真人秀在电影中的运用，考虑到美国电影和电视业在世界占有举足轻重的地位，美国电影与电视的巨大影响力，一直是争论与研究的焦点，甚至真人秀的概念也最早出现在美国，以真人秀为主要表现手段的电影在这样的环境中不断被搬上银幕，成为世界真人秀在电影中运用的领头羊和风向标，美国电影中的真人秀无论是在视觉审美还是文化深度上都展示出一定的思考，获得了巨大的关注和赞誉。因此，对于美国电影中的真人秀研究具有典型的代表意义。

如今电视真人秀节目在电视荧屏上火爆异常，相关研究也丰富多彩，多涉及对真人秀产生原因的分析、成功的因素及节目形式的本土化研究，而对电影中存在的真人秀研究则寥寥无几。目前，与电影中的真人秀研究相关文献主要体现在以下几个方面：

（一）关于真人秀的元素的研究

尹鸿在《电视真人秀的节目元素分析》一文中，对真人秀在电视中运用的元素作了深刻分析，他将真人秀分解为七个基本元素即人物元素、悬念、竞争、淘汰与选拔规则、时空规定、现场记录和艺术加工。他在《娱乐旋风——认识电视真人秀》中又说到，真实，将观众带入了真秀，虚构，使观众从真人秀中得到娱乐。真人秀的核心就在真假之间、虚构与非虚构之间。

电视真人秀是假定情境中的真实展现，是一种超越虚构与非虚构的综合性的娱乐节目。①

　　魏渲在《试论真实电视"游戏"与"拟像"的双重媒介文化属性》中，着重从真实电视的媒介文化属性，将"游戏"和"拟像"这两重角度探讨真人秀节目流行全球的"共性"特征，他认为游戏就是一种对现实世界的表现方式。它之于现实世界的关系，主要体现在模仿社会规则和常规来建构游戏规则上。而拟像本身的真实与虚构融合的形态特征，让超文本的仿真能力实现最大化。②

　　洪丹编译的《真实电视真实的谎言》一书中，提到宾夕法尼亚州社会学助教贝丝·蒙泰穆罗在对真人秀观众的消费心理进行分析时所说，"我们每个人都会有偷窥的欲望。这类节目对参与者实行完全的监视，等于是将他们赤裸裸地放到所有电视观众面前，抹掉了公开性和私人性之间的界限，极大地满足了人们的窥探欲望。"③

　　安德鲁·古德温在《电视的真相》中提出，电视真人秀节

---

① 尹鸿：《电视真人秀的节目元素分析》，《现代传播》2005年第5期。
② 魏渲：《试论真实电视"游戏"与"拟像"的双重媒介文化属性》，《文化与传播》2012年第2期。
③ 洪丹编译：《真实电视 真实的谎言》，《读者文摘》2002年4月，第96—97页。

目通过游戏等娱乐要素抚平观众的心灵创伤内核，释放心理压力，为普通人提供展示自我的空间，满足大众自我实现的心理需求，通过对节目中志愿者言行的全面展示，满足大众的好奇心和窥视欲等。①

（二）关于真人秀在电影中的研究

在王腾飞、刘怡君的《电视到电影的跨界思考——以〈爸爸去哪儿大电影〉为例》一文中提到从电视平台到电影银幕所遇到的阻碍，认为是市场不成熟、电影与电视特性的差异和受众的期待侧重不同才造成电视节目较难改编成电影。并以《爸爸去哪儿大电影》的定位与特征中，探讨这一真人秀凭借粉丝电影、纪录电影、合家欢电影取得成功，从另一方面说明大众娱乐文化对电影的影响②。

任陇婵的《电视节目与电影的"变身术"》中提到电影与电视传播形态的差异，并对电影与电视互相改编的现状进行探讨，认为电影与电视的互相改编中存在两个问题，一是衡量两者相互转换成功与否的标准是什么？二是两者相互转换的限制性问题，即相互之间的成功转换必须具备一定的先决条件。③

---

① 安德鲁·古德温：《电视的真相》，中央编译出版社 2001 年版。
② 王腾飞、刘怡君：《电视到电影的跨界思考——以〈爸爸去哪儿大电影〉为例》，《西部广播电视》2014 年第 15 期。
③ 任陇婵：《电视节目与电影的"变身术"》，《南方电视学刊》2014 年第 2 期。

韩红梅的《美国电影中的电视文化》将美国电影作品中反映的电视文化做了分类，一是以《机械战警》《星河舰队》为代表的电影中，其剧情与电视无关，但是电视语言成为电影语言架构的一部分；二是以《楚门的世界》《艾德私人频道》为代表，其主要内容就是讨论电视文化，包含了电影人对电视文化的认知。①

面对电视节目改编成电影作品这一现象，许亚群在《电视节目改编成电影的背后》一文中提道："对于影视产业发达的西方国家而言，电视与电影间的相互'嫁接'可谓司空见惯。"欧洲的电视真人秀节目发展较早，也是最先面临受众的审美疲惫的，面对这样的情况，制作方首先将目光投放到了电影市场。1979年，热门电视真人秀《现实生活》被搬上电影银幕，但是并未引起很大的反响。近年来，美国的大牌平民选秀节目《美国偶像》也屡次传出要拍摄电影版的消息，但都不了了之。

虽说将真人秀节目搬上银幕的作品并没有取得很大的成功，但是以真人秀为题材的电影在美国的电影中有突出表现。自1987年至今，获得不错口碑的便有《威龙猛将》《楚门的世界》《艾德私人频道》《15分钟》《选美俏卧底》《舞出我人生》《狙击

---

① 韩红梅：《美国电影中的电视文化》，《中国广播电视学刊》2010年第12期。

电话亭》《八面埋伏》《死亡飞车》《鬼影实录》《饥饿游戏》等，其中《楚门的世界》获 71 届奥斯卡金像奖最佳导演、最佳男配角、最佳原创剧本三项提名，《饥饿游戏》第一部在全球收获近 7 亿美元票房。2013 年，《饥饿游戏》的第二部《饥饿游戏：星火燎原》在全球的票房依然飘红。

（三）关于真人秀的文化层面

鲍德里亚所著的《消费社会》由现代社会人与物的关系展开讨论，从特殊需求的理论出发来界定社会，他认为，消费者事实上不是对具体的物的功能和使用价值有所需求，而是对商品所赋予的意义有需求，鲍德里亚举例说就像人们添置洗衣机等生活用品不仅是当作工具来使用，而且是被当作舒适和优越等要素来耍弄，并心甘情愿的掏钱。他在《完美罪行》中提出拟像理论，指出虚拟现实以拟像扼杀真实成为完美的罪行，真实被拟像取代，世界变得拟像化了。鲍德里亚的理论间接上对真人秀得以流行的商业环境和真人秀纪实性的表现手法作出揭示，具有重要意义。①

约翰·菲斯克的《解读大众文化》提到，无论是批评或者辩护，说明的正是这样一个事实，真人秀本身并不是罪恶，滥

---

① 鲍德里亚：《完美的罪行》，王为民译，商务印书馆 2000 年版。

用真人秀才是罪恶。真人秀本身无所谓善恶，重要的是必须在娱乐与伦理之间找到一种平衡，而这种平衡其实也是所有娱乐文化面临的共同问题。[①]

（四）关于真人秀受欢迎的分析

吴申珅[②]的《游戏中的众人狂欢——论"真人秀"电影节目的消费文化特征》将全民参与和人性的张扬归结为真人秀红火的原因。朱明明[③]的《窥视·梦想·商业》认为，真人秀之所以会如此红火，是因为满足了人们窥视和梦想的欲望心理，明安青[④]在《美国超级传媒帝国》中分析美国的传媒行业，认为美国在真人秀电影中的策划能力和制作精彩都是使真人秀电影受人关注的原因，观看美国真人秀电影就好比一种享受。郭懿琳则认为真人秀形态电影是消费异化的必然产物，使得观众在娱乐重构的真理中忙得乐此不疲。

（五）关于真人秀的娱乐态度

娱乐性是真人秀最典型的特点之一，在尼尔·波兹曼的《娱乐至死》[⑤]中就现在人类的娱乐态度进行了详细的阐述，指

---

① 约翰·菲斯克：《解读大众文化》，南京大学出版社1999年版。
② 吴申珅：《游戏中的众人狂欢——论"真人秀"电影节目的消费文化特征》，《科教文汇》2007年第1期。
③ 朱明明：《窥视、梦想、商业》，《新闻世界》2011年第13期。
④ 明安青：《美国超级传媒帝国》，社会科学文献出版社2006年版。
⑤ 尼尔·波兹曼：《娱乐至死》，广西师范大学出版社2004年版。

出，随着社会的发展，人们的生活压力越来越大，必然不希望在本应该是休息娱乐的时间再看一些沉重的电影，这也是真人秀电影发展的前提。王念①的《从观展表演范式看美国真人秀》中指出，如果真人秀失去了娱乐二字便没有任何意义，观众在发现与表演者不谋而合的许多共鸣后，从娱乐中得到认同感。这也是一种娱乐态度。当然也有人对真人秀电影的娱乐性提出了质疑，吴敏②在其《好莱坞视域中的灾难娱乐化传播及其反思》中指出，我们应该警惕娱乐化传播中的娱乐霸权，就是真人美国电影及美国真人秀，尤其是中国，应该创造属于自己的娱乐文化。

（六）真人秀所反映的价值观

媒体能够改变或者塑造大众的价值观，同样大众的价值观也会推动和影响着媒体风格的变革。真人秀电影对人们的价值观也产生了影响，潘晓军③在其《从"真人秀"透析美国价值观及其对中国年轻一代价值观的影响》将美国真人秀电影所反映的价值观进行了透彻的总结，真人秀为个人实现梦想、成就个人价值提供了广阔的舞台，体现了美国通过个人奋斗超越自我

---

① 王念：《从观展表演范式看美国真人秀》，2013 年第 6 期。
② 吴敏：《好莱坞视域中的灾难娱乐化传播及其反思》，《学院论坛》2012 年。
③ 潘晓军：《从"真人秀"透析美国价值观及其对中国年轻一代价值观的影响》，《中国青年研究》2010 年。

和挑战自我的价值观。黎海波①在《对外传播中的共同价值观问题初探》中也表示真人秀宣扬的张扬个性的价值观是人们所推崇的。胡智锋②在《超级女声：成功本土化的"真人秀"》中提出了中国真人秀电影的本土化必先在电影中加入中国特色价值观。这都是对真人秀所反映的价值观的研究和重视。

美国的真人秀电影与我国的真人秀电影相比，最大的不同便是其间对文化价值的体现，对此，我国的学者在许多论文中都有所涉及。当多媒体与人文精神相遇，在某种意义上开启了一个新的电视时代，对于这一点，李显杰在《人文精神与中国当代电视文化》一文中写道："电视本身既是人类现代科技文化发展的产物，又是传播、运载、促进整个人类文化（包括精神文化）交流与发展的强有力媒介。以发展的眼光看，当电视手段与计算机技术，与高科技成果和综合性的高密度文化结构与系统结合在一起，形成'多媒体'信息交流方式时，它标志着一个崭新的视听立体文化时代的到来。"③以上的观点应该是多媒

---

① 黎海波：《对外传播中的共同价值观问题初探》，《对外传播》2008年第2期。

② 胡智锋：《超级女声：成功本土化的"真人秀"》，《北方传媒研究》2006年第3期。

③ 李显杰：《人文精神与中国当代电视文化》，《华中师范大学学报》（哲社版）1996年第3期。

体时代刚刚兴起时，电视人就节目本身应该融入相应的文化内涵这样的观点所达成的共识。在娱乐节目的发展历程中，面临着十分严肃的选择，一时不慎就容易走进泛娱乐化的死胡同。在郭本正和王素梅的《关于娱乐节目的文化选择》一文中提道："娱乐节目的文化选择，不仅关乎媒体自己，更关乎民族的精神走向。"①我们必须注意的是，正能量的传递是传媒产业必须具备的精神基础。

　　人的思维意识投射到电视节目或是电影创作上便是强大的人文精神的展现，如今的电影作品越来越重视文化的传承和对人文精神的解读，对于真人秀题材的电影而言，这样的解读则更多地由受众通过观看电影之后提出，由此就会形成一个新的话题，通过网络，迅速地形成一个文化现象，电影的创作是不能偏离最基础的人文精神和传统文化的。

---

① 郭本正、王素梅：《关于娱乐节目的文化选择》，《新闻传播》2007年第2期。

真人秀概述

（一）真人秀溯源

如今的"真人秀"作为一种电视节目类型已被越来越多的人所熟知，甚至不少人认为"真人秀"是特指以电视传媒为介质，逐渐将"真人秀"的运用固化到电视节目上去，这样的看法虽不准确但也被大众普遍接受，不过对于什么是"真人秀"以及真人秀的基本元素，却有着各自不同的理解。

"真人秀"本身是一个舶来品，它是英文 Reality Show 翻译所来，从字面上看 reality 代表着真实、记录，而 show 则是虚构、秀的含义，一方面真人秀有纪实性的真实，另一方面真人秀也包含艺术性的虚构创作，反映出真人秀真实与虚构互相融合的特点。在这个观念的引导下，有人就将其划入纪录片的一种类型，英国 BBC 纪录片导演霍尔姆斯认为，纪录片经过百年的发展，早已不局限在用严格的纪实手法创作出那些枯燥、缺乏想象力的影片，它可以融合像肥皂剧、侦探剧的表现手法，增加影片的可看性。对于创构性纪录片，他认为这是用来表现在人为创造的情景和环境中，现实的真人如何应对各种突发情况的纪录片。霍尔姆斯的观点是以"真人秀"当中的真为基础，在真实性的基础上去构建虚构。

在电视节目中，"真人秀"真实的部分必须大于虚构的部分，其中节目的进行就是按照"真人秀"的表现过程而展现的，所以真实也就意味着对事件把握的不可预测性和非导演性。

虽然霍尔姆斯将真人秀解释为泛纪录片的一类，但是却没有考虑到真人秀中游戏性、竞争性、规则性的特点。清华大学尹鸿教授认为："真人秀泛指由制作者制定规则，由明星、普通人等参与并录制播出的电视竞赛游戏节目。"[①]还有一种看法认为："真人秀"是制片方给选手提供一个封闭的环境，一个刺激的游戏规则，让选手在规定的情境中自由发挥，然后对他们进行全天候、全方位的拍摄，真实记录他们的言行、情感、生活隐私，也有人称其为窥探电视。这两种观点的重点是从"真人秀"的虚构方面展开，这是"真人秀"区别于其他影视形态最

---

① 尹鸿、陆虹、冉儒学：《电视真人秀的节目元素分析》，《现代传播》2015年第5期。

重要的一点，突出强调了其中的"规则建置"，人为地制造戏剧性，进而加强其娱乐性，无论其中的人如何表达自己，也只是在导演设定的框架环境中表演，但却可以在这种设置中，引发富有故事性和冲突性的情节，调动观众兴趣，娱乐性也得到最大程度表现。对于纪录片、影视剧和游戏竞赛类节目，真人秀具有和它们相似的地方，同时也彰显出其鲜明的特点，成为一种较为年轻的表现形态。

追溯到世界影视发展史，真人秀的一些基本表现方式很早就展现出来。1885 年，从世界第一部电影《工厂大门》开始，我们就能在镜头下看到匆匆下班的工人，尽管是一些司空见惯的生活场景，但还是震惊了当时整个世界，它标志着电影的诞生，在这部片子中再现生活的写实性和记录性得到了充分展现。随后在弗拉哈迪的《北方的那努克》中，为了展现爱斯基摩人的生活，弗拉哈迪采用摆拍的手法，拍摄爱斯基摩人捕捉海象的情节，实际上也是在镜头前表演捕捉的过程，出现了虚构的成分。《北方的那努克》后来被公认为纪录片的始祖，也间接为日后"真人秀"的纪实性和戏剧化的表现手法作了最早的演示。①

---

① 肖平：《纪录片原则的起点与终点——关于纪录片制作"道德问题"的思考》，《现代传播》2004 年第 5 期。

对电视真人秀产生过直接影响并依托其演化出来的，便是游戏益智类节目，它最早出现于三四十年代的美国广播，并获得巨大成功。1946 年，杜蒙电视网在节目中增加了名叫"拿走现金"的环节，由普通听众参加，这个游戏益智节目越来越多地展现出不可预测性和冲突性，由于是现场电话连线，也大大增强了节目和观众的互动效果。50 年代《一日女王》在美国电视上播出，在这个节目中，参与其中的人们在镜头前讲述他们的不幸和悲剧遭遇，不少人在讲述中潸然泪下、悲痛不已，但这些隐私却在当时被当作吸引观众的"亮点"来播出。

20 世纪 60 年代，"直接电影"的概念在美国得到倡导，其主要以紧急突发事件或政治、明星等大人物作为拍摄对象，运用多台摄像机以同一时间为标尺，从各个角度去记录一个事件，在后期中运用剪辑，使人物、事件本身具有的戏剧冲突表现出来，重新架构电影。在拍摄中也坚持绝不干预的原则。在后期的"直接电影"中，他们的关注对象不再限于政治、明星等大人物的事迹，而是越来越多地表现小人物的生活状态，这就要求在拍摄时不仅保持不干预的原则，还要有十分敏锐的洞察力，才能在普通的日常生活中发现具有戏剧性的一面。

20 世纪 60 年代，"真实电影"的概念在法国被提出来，其拍摄方式也没有固定的剧本，在不可预知的情况下采用类似采访的方式拍摄，在其中利用"引导"的手段促使被拍摄对象在镜头前说话，例如"你幸福吗?"、"金钱对你有何意义?"等，镜头把人们的反应都真实记录下来。"真实电影"主要目的在于通过这些"引导"的手段，启发人们对于社会现状的思考。如今的一些真人秀节目，大量采用偷拍的方式进行提问，这些手段只是为了观众窥探隐私性的娱乐。电视艺术在发展中也不断借鉴电影的创作手段和理论基础。到20世纪60年代，由40年代发展而来的游戏益智类节目逐渐融入电影的观念，走出演播室，加入大量的生活现实场景。60年代中期，巴里斯从传统的游戏节目中创作出新的约会游戏类节目，把青年男女摆脱单身谈恋爱的情节搬上荧屏，节目中的求偶者为了获取对方的芳心，使出浑身解数，制造了很多意想不到的笑点。60年代的美国正处于自由主义风潮的影响下，社会处在剧烈的变革中，这种将情感隐私话题搬到电视荧屏的做法，吸引大批观众的收看。并成为日后真人秀的重要表现类型之一。

从90年代开始，游戏益智类节目的奖金便大幅度提高，其中以《谁想成为百万富翁》为代表，奖金动辄就上百万美元，屡屡突破电视节目的历史记录，巨额的奖励使参与者即使面临众多困难也趋之若鹜，收视率也相当可观。在1999年到2000年，年均收视率达到18.6%，在美国几大电视平台中长期保持第一。①

麦克卢汉在其《理解媒介：论人的延伸》中提出了"媒介即人的延伸"观点，他认为所有的媒介都是人的某种心理和肉体能力的延伸，传统的媒介报纸是眼睛的延伸，广播是耳朵的延伸，衣服是皮肤的延伸，电视是耳朵和眼睛的延伸，电子技术是中枢系统的延伸。②随着90年代互联网的出现和普及推动了"地球村"的形成，人类的交往方式和文化形态发生重大变化，网络成为人类各种器官的延伸，融合了各个媒介，点对点的传播变得简单方便。人们开始有可能接触到世界上任何一个点的陌生人的生活，人类的生活被虚拟化、符号化，人们开始追求各种"媒介奇观"。对于真人秀来说，网络的出现使得这种节目形态不断融合各种表现元素，让其传播内容变得更为华丽、精致，传播方式也更主动和强势。

1999年，电视真人秀节目《老大哥》在荷兰播出，收视率异常火爆并风靡全世界，全球共有七十多个国家模仿拍摄了本土化的《老大哥》版本，真人秀开始在全球电视传播中大量出现，呈快速上升曲线。真人秀在《老大哥》中具体表现为四个

---

① 郑蔚、孙微：《电视节目形态的引进与创新——兼评〈开心辞典〉》，《现代传播》2003年第2期。

② 马歇尔·麦克卢汉：《理解媒介：论人的延伸》，商务印书馆2000年版。

方面：首先，拍摄方式借鉴纪实拍摄手法，出现大量跟拍和偷拍来捕捉生活事件；其次，不仅模拟现实生活，而且用戏剧化建构情节；第三，对拍摄素材，编辑模拟成现实生活，建构较强的现场感；第四，融合各种节目风格，包括游戏、音乐、户外、冒险等。[①]《老大哥》的出现为真人秀设置了最基本的组成要素，使得真人秀由借鉴模仿逐渐走向拥有自己成熟的表现模式，让它在电视艺术的领域成为一种独立的节目类型，而真人秀本身的灵活多变也与各国文化和社会发展水平相协调，激起当时全球《老大哥》风潮。我国的电视真人秀节目也是在这样的情况下诞生的，2000 年，广东电视台率先播出《生存大挑战》，在预先没有过多的宣传造势下取得不错的收视成绩，随后诞生了如《生存者》《超级女声》《中国达人秀》《爸爸去哪儿》等一系列优秀的真人秀节目。从全球范围看，真人秀在电视节目中的运用已经成为一些知名电视台收视率和广告效益增长的保障。

（二）真人秀的特征

"真人秀"是后现代语境下电影和电视相互渗透和借鉴产生的结果，它的构成要素较为丰富，也延伸了真人秀的观念。

---

① 丘雅：《从〈老大哥〉看跨国电视真人秀的打造》，《南方电视学刊》2011年第 8 期。

1. 对真实生活情景的窥视

窥视欲是人类自然而有的一种心理现象，它源于人类天生的好奇心，对他人生活情境的好奇。弗洛伊德在精神分析学说中将人类的人格划分为三个部分：本我、自我和超我。其中，本我是人类最初原始的部分，它没有道德价值观念，是生物性冲动和欲望的来源，本我按照"唯乐原则"活动——以寻求满足和快感支配着所有活动。人类对隐私的偷窥就是本我天性的一种，它让人类在偷窥中得到快乐和对性欲的满足。而在构成人格的自我和超我层次中，本我受到现实和"道德化的自我"的压抑，使个体始终在冲突和协调的过程中不断调整。①窥视欲望虽然由自我活动得到释放，但在本我和超我的规范下不得不隐藏自己，而且伴有道德下的罪恶感，这种隐藏虽然矛盾，但使偷窥带来更大快感。

在媒介理论的"地球村"概念下，人类的生活开始回归个人对个人的部落式、游牧式的交往方式上，本我只有通过电子媒介才有可能得到最大程度释放，尤其在现代社会，人们在丰富的物质生活下对深层次的精神追求愈发强烈，不断地从他人的身上找到满足感成为重要方式，而真人秀的出现恰恰就满足

①　弗洛伊德：《精神分析引论》，商务印书馆1988年版，第285页。

了这种"窥视"的需求。人们在真人秀中获得满足时并没有感受到来自自我与超我压抑的罪恶感。这是因为在电视媒介中，制作者对于节目的设置运用各种手段消除这种罪恶感，使观众对他人生活的窥视正大光明地演化成一种媒介接触行为，使人们感觉如同在看普通电视剧、游戏节目一样轻松。

真人秀在电视节目的制作环节中刻意回避拍摄对象个人生活隐私，只涉及被偷窥人们的部分反应，例如在美国版的《老大哥》中，节目特意在参与者住处唯一一间卫生间里安装了摄像机，在其他节目中甚至全天候拍摄情侣在双人床上的生活，其一举一动都被观众看在眼里。这些情景的设置实际是参与者完成游戏的环节，把日常生活转化为游戏元素，参与者是为了完成游戏，而观众是在观看游戏过程，特别是参与者为了获取利益参加游戏，观众就理所当然地认为有资格去获取他人的部分隐私，其心理也不会感觉到自己正在进行的窥视行为，这些得益于真人秀将"窥视"完全公开化、娱乐化，使其性质发生转变。

2. 对真实人性的展现

由于真人秀自身特有的规则、利益、纪实等属性，对人性的深度挖掘和展现成为其重要特点，它能将个体从大众中抽离出来，在规则和利益的制约下，与其他同样处境的参与者构成一种微妙的人际关系，还原出具体和本我的人性，表现出理智与情感，道德和利益的冲突，这种人性冲突通过画面和人物行动语言表现出来，就成为大众娱乐的一部分。

尤其特殊的是真人秀对人性的刻画并不是虚构的，它不是故事片中演员们被遮盖的有意识的表演过程，而是在纪实性的特点下完全展露的作为生活中自然人的人性，因此，真人秀展现出来的人性更深刻、更具说服性。

对于观众来说，人与人之间在现代性的发展下越来越处于一种隔绝的状态，由于个体对自我维护的本性，平常生活中很难看到个体自身的人性弱点，而通过电子媒介带来的窥视通道和间离效果，个体对他人人性所表现出来的是非曲直看得更加清楚。在有的情节设定中，甚至故意设定一些特殊的规则，使镜头前的被拍摄者，暴露出人性丑陋、真实的一面，从而激发出观众对自身优越感产生满足和心理愉悦，人性的缺点、矛盾转化成为商品，成为大众传媒娱乐的项目之一。

3. 规则设置与戏剧冲突

电视与电影所展现的真人秀并不等于其纪实性下完整的记录呈现，要在短时间内表现出丰富的娱乐性、戏剧性、人本身的矛盾特性和社会属性，就必须人为地制造一些看起来"真实"的戏剧性冲突，其主要手段便是对规则的设定，甚至可以说，除了拍摄者和参与者外，还存在第三者——规则。有了规则的设定才能产生障碍，引发故事性的冲突和悬念，渲染紧张的氛围，继而才有了戏剧性的基础。

另外，人性在规则的设定中表现出多角度多层次和复杂性的特点，好的规则设定不仅能够反映出人性间多方面的矛盾，也能激发出多层次的矛盾。在电视真人秀节目《生存者》中，其设定的最大障碍就是在极其恶劣的环境下生存，参与者们待在从未生活过的荒岛上，与自然作斗争，为了生存寻找野生食物、喝脏水、面临种种威胁等，激发他们求生的欲望。即使是被淘汰的参与者，规则设定他们仍有权利决定最后的胜出者，参与者在极端环境下不仅要学会生存，也要处理好和其他竞争对手的人际关系，但现实情况又使他们不得不得罪其他参与者，规则的设定将他们置于一个矛盾冲突异常激烈的环境中，参与过程更是层层险关，悬念频出，戏剧性得到极致的彰显。规则的设定使得"真人秀"的戏剧性更为逼真凸显。

最后，利益是绝大部分参与者参加过程的主要诱因，规则设定如果不设有巨大的利益诱惑就无法架构起整个叙事骨架，尤其对于普通人来说，利益的诱惑随着参加过程的砝码提高，不但能刺激参与者获胜的欲望，同时激发了观众的刺激、好奇心理。这里的利益诱惑不仅限于物质的奖励，也包括其他非物质奖励，但是这些鼓励措施必须带有刺激性，才能调动大家参与的热情。例如在一期鼓励观众参与竞猜拨打电话的电视节目中，节目组承诺，如果拨打电话超过一千次，其著名的节目主持人将剃光头表示庆祝。这些都属于带有刺激性的鼓励方案。

（三）真人秀在电视与电影的跨平台交融

真人秀作为电视节目的一种类型，凭借一路飙高的收视率，电影中的真人秀借着这股东风也崭露头角。同为视觉艺术的两个表现形态，真人秀在电影的诸多类型中应占有一席之地。事实上，在前文提到真人秀的发展历程中就能看到电影艺术对其的重要影响，也在60年代出现有着真人秀表现手法的直接电影《初选》《推销员》《灰色花园》《给我庇护》《遇见马龙——白兰度》等，随着电视娱乐化的发展，真人秀的娱乐节目在电视平台上大放异彩，而电影中的真人秀却逐渐较少，甚至以数量看也难以成为电影中新的类型，直到20世纪80年代《威龙猛将》的播出，真人秀正式作为一种表现形态被搬上电影银幕。从真人秀传播平台的变化中可以清晰看出真人秀纪实性的表现手法来自电影的影响，从20世纪60年代开始，真人秀在纪实电影当中的运用逐渐减少，反之迎来的是电视文化的兴起。

第二次世界大战后，随着现代工业的加速发展，资本主义国家进入城市化的发展高潮，以美国为首的西方国家生产力有了极大提高，人们经历着前所未有的物质丰富，与之对应的生活方式也在改变，人们的劳动时间大为缩短，但精神上的压力变得日益严重，于是大量的空闲时间被用在娱乐消遣的文化产品上，形成大众文化现象。在这个过程中电视扮演着愈加重要的角色，发挥着重要的娱乐功能，在与电影的比较上其影像话语方式、制作过程虽然有许多相似之处，但在大众文化流行的社会背景下，随着各自传播特性的强化，走向两条不同的道路。

从选材上看，由于观看环境适合表现空间广阔，电影具有较强的造型力度，表达出较为直观的视觉冲击力，能使观众的喜怒哀乐与剧中人物的情节融为一体；而在电视的接受过程中，小屏幕、面对面还有家庭自由轻松的氛围，更适合表现出普通空间、日常化的题材，而且由于电视观看方式的时间自由度极强，能够将复杂的故事情节和人物关系交代清楚。

从艺术表现方面看，在画面造型上，观赏电影有较强的视觉冲击力，尤其是对远景、大全景的展现都较电视的近景、特写的画面表现力强。在色彩造型上，电影的还原度高层次感好，表现丰富，与此相比电视就略显简单。在对声音的表现上，电影注重音响的"真"和音乐的"情"，而电视更注重表"意"，经常要靠大段对白给观众提供信息。另外电影的摄像机运动多，节奏感强，场面调度频繁，而电视调度少，主要靠情节内部的张力控制节奏。

从接受层面看，电影对放映环境要求高，看电影多是一种集体行为，而收看电视较为随意，主要是家庭成员，其观影氛围轻松。在接受主体上，电影适合有一定认知能力的人观看，二是看电视不需要较高的知识水平，其通俗易懂、老少皆宜，适合各个年龄层次的人收看，随着频道专业化的不断细分，拥有各种兴趣爱好的人几乎都能在电视上收看自己喜爱的频道。①

从接受心理看，看电影有较强的仪式感，外界打扰少，人们的注意力高度集中，信息的传递也完全是单向性的，很容易融入电影打造的虚幻世界。而看电视，不仅观看的姿势随意，还能边看边做其他事情，消解仪式感，主动性增强，在一些节目中还能与节目实现互动，增强传播效果。

综上所述，电影与电视在诸多方面差别较大，尤其在各自技术进步的过程中，这种差距被不断扩大。对于真人秀，故事性、纪实性、规则性的展现依靠电视传播更容易，在文化上也易于展示普通人的生活，对观看时的环境和认知层次要求不高，扩大了受众群体。在叙事上，基本不受时空限制，以周播或月播的形式出现，制作的质量和及时性能有显著提高，保持了观

---

① 周夏莹：《论电影艺术的特征：从门类艺术的比较出发》，厦门大学 2006年，第 46 页。

众的新鲜感和认同感。

尼尔·波兹曼在《娱乐至死》一书中指出，一切公众话语日渐以娱乐的方式出现，并成为一种文化精神。我们的政治、宗教、新闻、体育、教育和商业都心甘情愿地成为娱乐的附庸，毫无怨言，甚至无声无息，其结果是我们成了一个娱乐至死的物种。①波兹曼的观点反映出大众娱乐对社会生活产生的深刻影响。在这样的情况下，电视相较于电影的传播属性与特点决定了电视在大众娱乐文化下更容易参与社会价值观念的重新建构，也比电影发挥出对商品信息传达的更大优势，强化了电视文化的商品属性。电视凭借在社会各个领域的交叉作用，对其传播内容在观众心理产生强大动能，促使观众审美心理的改变，影响了娱乐化潮流的形成。而最大程度地攫取利益，又是大众文化制作者的唯一诉求，电视在此显然比电影更具优势。②

真人秀对各种元素的综合性，使其具有强大的生命力，更适宜表现各类题材，尤其是游戏竞赛元素，来源就是为了娱乐的目的，在现代社会更能发挥大众文化的娱乐功能。于是真人秀逐渐演变成资本运作的产物，把电影文化中高雅的、具有深

---

① 尼尔·波兹曼：《娱乐至死》，广西师范大学出版社 2004 年版。

② 梁婷婷：《电视文化：一种大众的消费文化》，《西南民族大学学报》（人文社科版）2007 年第 3 期。

度思考的部分转化成通俗的、廉价的、工业的、消费的产品。但真人秀并未在电影银幕中消失，反而通过真人秀，表达了电影人对大众娱乐，尤其是电视文化的反思。随着媒介在信息时代爆炸性的发展，电影也陷入泛娱乐化的漩涡，对真人秀的思考不在，与电视对比，其娱乐化有过之而无不及。

真人秀在美国电影中的运用

(一) 真人秀在美国电影的初探

纵观真人秀在电视的发展历史，已经走过近二十个年头，这种形态成为最受观众喜爱的节目形式之一，在全世界荧屏上影响深远，虽然电视真人秀节目的历史只有二十多年，但真人秀节目背后得以产生的文化因素、历史人文背景和对文化深度的探究和理解，都早于电视真人秀这种节目形式，这种对真人秀内部文化机制的探讨在各种文艺形式中都有反映，尤其是在电影艺术中，真人秀这一脱胎于电视的节目形式，找到了最容易复制的近亲——电影。

在真人秀引发大规模流行电视节目前，美国就将真人秀搬上了电影银幕，1987 年上映的《威龙猛将》就是较早涉及真人秀题材，电影由施瓦辛格主演，讲述一位来自未来世界的警察，在现实中拒绝执行政府的命令，于是在他被捕后强迫他参加一档名叫"过关斩将"的杀人游街节目，这个节目歪曲事实，依靠政府的威严不允许有异议的人存在，不少心中正义的人被扭曲成杀人狂，施瓦辛格决定反击，联合正义斗士一起反抗并杀向电视台，拆穿了节目骗局。《威龙猛将》以虚构的方式对电视文化进行批判，但和这部电影相比，十年之后的《楚门的世界》更显示出电影对电视文化深刻和辛辣的嘲讽，《楚门的世界》讲述主人公楚门总觉得自己被监视，事实上，在他生活了30年的世界中，妻子、父母、朋友和同事都是一档真人秀节目安排好的演员，而他是节目中唯一的主角却浑然不知，他生活在一个巨大的摄影棚内，被剥夺隐私甚至尊严，每天24小时不间断地被5 000台摄像机拍摄，成为全世界观众观看的对象，当真相渐渐浮出时他决定不惜代价地逃离出去。《楚门的世界》引发人们对后现代的娱乐方式的反思，反映出人们对媒介不受控制产生的焦虑。在《楚门的世界》上映第二年，电视真人秀节目《老大哥》便告诞生，开启了真人秀在电视流行的时代。不少电影人依旧保持对此类题材的关注，制作出一大批反映电影中的真人秀，例如《艾德私人频道》《大逃杀》《八面埋伏》等，这些电影共同表现出对电视文化的解读。

（二）真人秀在美国电影的深化

回顾近三十年来美国电影中的真人秀，在叙事手法和情节关注点上可能表现有所不同，但在文化上也主要围绕几个命题来讨论，在这样的文化内涵下展现出来的命题也显示出创作者对真人秀理解的各种态度。

1. 拟像的真实

拟像是法国社会学家鲍德里亚用来分析后现代社会、生活与文化的术语。他认为，现代社会已经是新的拟像时代，在拟像的世界里，现实原则已经不能调控社会，也没有意识形态，只有拟像。在拟像的基础上，他提出了内爆的概念，认为拟像与真实之间的界限已经内爆。拟像不再是对某个领域、某种指涉对象或某种实体的模拟。它无需原物或者实体，而是通过模型来生产真实，这种真实被鲍德里亚称为"超真实"（hyperreality）。①

由于这样的认识，鲍德里亚认为在当代社会，我们认识的世界实际上是大众媒介营造的仿真社会，它并不是一个真实的世界，甚至因为我们只能从大众媒介认识世界，真正的真实已经消失，我们现在所看到的是由媒体营造的符码组成的"超真实"世界。鲍德里亚随后在他的著作《拟像与仿拟》中提出形

---

① 鲍德里亚：《完美的罪行》，王为民译，商务印书馆 2000 年版。

象承接的四个阶段：它对某个深度真实的反映，它遮盖深度真实，并使其去本质化。它遮盖着某个深度真实的缺席。它与无论什么样的真实都毫无关联，它是自身纯粹的拟像。①对于第四阶段的描述，已经超出外表的概念，演变成了拟像，它不再是第一、第二阶段中存在的对真实的客观事物模仿，它与真实毫无关系，甚至取代了客观真实，重新架构起我们的经验世界。

真人秀反映出来的特征，正是鲍德里亚形象承接第四阶段的典型代表，真人秀号称"真实"，并以此为噱头，但是现实环境中，尤其是在当今电影特效仿真技术大幅度提升下，绝对意义的真实已不复存在，如今的真实是媒介创造的"超真实"的环境。这种超真实的创造依靠的是媒介的技术手段，甚至还能表现出生活中不曾有过的、无法感知的景象。

拟像的超真实是在技术性的手段下达成的，但无论超真实对现实环境再逼真的复制也不能完全替代现实的真实基础，人们在看到影像时依旧会以自身的经验来判断事物。其次拟像拥有极强的虚拟功能，它能创造出一个不存在但又极其真实的虚拟世界，这个虚拟世界并不是随意而来，而是从人们对现实的生活经验而来。

---

① 鲍德里亚：《拟像的进程》，载吴琼编：《视觉文化的奇观》，中国人民大学出版社 2005 年版，第 85 页。

在电影《楚门的世界》中，观众从银屏上看到楚门从出生到成长的过程，分享着楚门的喜怒哀乐，和他一同经历酸甜苦辣，但现实情况是楚门生活在一个巨大的摄影棚，他的一举一动都被记录下来，被掩盖在这个"超真实"的世界。凭借强大的技术能力，这个拟像的世界被创造出来，它与任何现实世界的真实都没有关系，不仅其逼真效果能模拟现实环境任何一个细节，甚至在楚门的人际关系中，也是拟像的真实，楚门在几十年摄影棚的成长中形成了同其他人一样的认识观，在这里他同样有父母、有爱人，经历着摄影棚外人们同样的生活，也渴望自由和爱情，这些都是这个"超真实"的拟像世界给他的，但它又来源于现实生活，是按照摄影棚外的观众真实的、根本的价值体系构建起来的。按照人们的理想，这里消除了一切不和谐和冲突，呈现的是真实世界的典范，由此便成为鲍德里亚形象承接的第四个阶段，重新架构了我们的世界。

由于拟像不是表现与再现，而是用科技手段组成的符号来代替真实本身，使得人们在观察拟像时不能分辨真实与虚假，限制了想象的空间，任何幻想都被逼真的技术消灭。在这里一切事物都能在技术手段下得到逼真的表现，人们的真实观被严重干扰，对真假善恶的判断力减弱，而且拟像的世界为人们表现出一个乌托邦的幻境，人们被那里的生存法则所驯化，继而有了依赖感，现实世界也随之丧失，"超真实"的世界成为人们的消费品。在《楚门的世界》中，拟像与真实已经内爆，人们沉溺在节目组营造的拟像泛滥和幻觉的社会中，这里消解了对立和冲突，人们被表面的感官刺激所包围，寻找超真实的乌托邦体验，摄影棚下的世界也成为观众消费的对象，实现了观众的社会归属感。在电影里，通过楚门来揭露这种所谓的"真实"，影片也用大部分时间讲述他怎么逃离这种拟像世界、回归到真实世界的故事。电影的创作者对这种真人秀中的真实进行了深刻的质疑，在电视真人秀节目还未大量流行时，美国的电影人便敏锐地观察到这种不断被诠释的"真实"带来的变化。

2. 凝视的笼罩

看，是人们获取信息的基本方式，黑格尔曾说，视觉不同于其他感官，属于认识性的感官，人们可以通过视觉认识世界及其发展规律，视觉成为意识形态的活动。[①]在视觉文化研究中，有关看的"凝视"是一个重要概念，从表面上看，其本意在于长时间专注地盯着一个物体在看，后来演变成一种意识形态，体现了对文化权利、文化体验和文化身份等问题的认识。电影

---

① 赵慧臣：《知识可视化的视觉表征研究》，南京师范大学 2010 年。

与电视的创作从拍摄开始便是以视觉活动为基础的，创作主体在制作时将自身的欲望投射其中，在凝视产生的幻觉下，将现实世界投射在自己想象的世界，以获得假象的满足，引导观众进入自己的想象世界。观众在观看作品时，同时也被"作品"反观，获得凝视的体验并与自身联系起来，完成对自身形象、身份的认同。

精神分析学家雅克·拉康在《论凝视作为小队形》指出，凝视不但是主体对自身的一种认知和确认，也是主体向他者欲望的一种沉陷，凝视是一种统治力量和控制力量，是他者视线对主体欲望的捕捉。[①]福柯在他的《规训与惩罚》中进一步将"凝视"和当前的大众传播媒介与先进的电子信息技术相结合，对现代社会的社会关系结构进行解释，认为凝视的认知和道德的功能是穿插在一起的，提出了"全景敞视系统"的设想，在这个系统里，凝视成为一种单向的方式，实行隔离和个人化，分解了观看与被观看统一的机制，独一观看者和多样的被观看者建立了联系，产生内心自我监管的主体。[②]在这里，凝视被描述为与视觉相关的权利关系，在凝视中，人们的活动心理被社

---

① 雅克·拉康：《论凝视作为小队形》，载吴琼编：《视觉文化的奇观》，中国人民大学出版社 2005 年版，第 17 页。
② 福柯：《规训与惩罚》，刘北成、杨远婴译，生活·读书·新知三联书店 2007 年版。

会生活所影响，凝视者将自身的地位提升到被看对象之上，反映出凝视者具有选择和掌控被看对象的权力，体现了凝视背后的权力关系，在这种权力之下，被看的对象自然和剥夺有关。

在电视真人秀节目中，便是"凝视"在现实世界中的对照，节目的拍摄大量采用跟踪或隐秘拍摄，用以完整记录被拍摄者的活动。在电视真人秀节目《老大哥》中，节目组先是针对现实世界的生活，模拟重现了生活中各个房间的样式，然后将参与节目的众多房客每天的生活用摄像机完整地记录下来，他们过着跟我们一样的日常生活，无非做饭、聊天、睡觉、打扫卫生等，使观众迅速把对真实生活的感受投射在假想的模拟空间里，用日常生活的同样细节，引导观众的思维走向，让观众在节目房客中结合个人体验找到自身的影子。在拍摄中，为了获得收视率，节目组对房客们的隐私也不顾忌，这些内容被拍摄出来暴露在观众的面前，满足观众的窥视欲望，房客们的生活成为观众凝视的对象，反映出这种凝视之下的不平等关系。

电影《楚门的世界》就是典型的诠释"凝视"的影片，电影中处在凝视关系中的不仅是楚门和观看楚门的观众，还有以导演克里斯托弗为代表的制作"楚门真人秀"的节目组，导演克里斯托弗在"创作"楚门的一生中，常常不经意地将自己作为观众，陷入对楚门的凝视之中，克里斯托弗创造了这个巨大的摄影棚，这里的生活与世无争，安静祥和，当楚门即将踏出摄影棚时，克里斯托弗试图最后一次挽回楚门，他强调外部世界的可怕和不确定性，那里更虚伪、更危险。在这里，巨大的摄影棚一方面是外部世界的拟像，另一方面克里斯托弗将这个拟像的世界存入自己的头脑，进而转化为他对外部世界的认知，形成对自己和外部世界的重新评估，构成双向循环的过程。

导演克里斯托弗对楚门的凝视也反映出权力的关系，监狱一样的摄影棚将楚门和克里斯托弗隔离开来，克里斯托弗成为楚门的"上帝"，对于小岛上的子民，他的声音仿佛茫茫天籁，他能呼风唤雨，控制楚门的生活，如同上帝在安抚他的亚当，处于凝视关系优势的克里斯托弗对楚门拥有无限的权力，在凝视中，他将自己的欲望投射在这个假想的世界中，重新审视自己，进而使自身得到认同。

对于电影中的观众来说，楚门的世界虽然是虚拟的，但楚门生活的世界富足、稳定，是绝大多数观众追求的生活，导演克里斯托弗营造的这个美好的世界满足了观众假想性的欲望，但这个世界呈现出来的东西是模糊和不确定的，通过对楚门具体生活的描述，激发了观众投射的欲望，让观众通过自身的经历与体验去填补对于楚门的想象。克里斯托弗作为制造楚门世界的导演，对楚门怀有深厚的感情，但这是假象的楚门，不是对自由有明确认知，渴望追求自由的楚门，对他来说，楚门就是囚禁在电视里的明星，是工业化的产品，他的目的在于给观众提供娱乐。甚至在楚门即将逃离摄影棚的过程中，影片中观看电视的观众同情楚门，为楚门争取到的自由欣喜不已，实际上楚门成为他们欣赏的娱乐品，在所谓的关怀背景下，其最终目的在于利用楚门，就像看一场球赛，获取心理的刺激、愉悦。在这里，观众通过观看楚门的世界而被麻痹了神经，完成了对自我形象与身份的重新建构。

楚门对于自己被窥视的经历一无所知，也隐喻了凝视权力下的不平等关系，克里斯托弗强加于他的这种不平等关系是隔离和单向的，在环形的世界，只有他被看到，而他什么也看不到，正如福柯所说，当人沦为各类凝视下监视的产物时，人已经成为客体，成为毫无主体性可言的对象——他人。在影片中，楚门因为初恋女友神秘的留言不断清醒，开始探求种种莫名其妙事情的原因，反抗这种不平等的关系，在生活的细节上不断设计逃离监视，回顾影片，楚门就是在逃离和被重新监视的剧情中斗争，最终获得自由。

当现实中的观众看到《楚门的世界》，很容易对楚门的遭遇产生同情，继而对影片中的凝视关系心存反感。也反映出创作者对电视银屏上不断出现的真人秀的批判，以及对凝视、大众娱乐化的反思。

随着真人秀不断在电视荧屏上出现，这种对凝视的反思逐渐弱化。例如在《狙击电话亭》《死亡飞车》等中，主角也处于被"窥视"的境地，但也是点到为止，没有过多论述。2012 年上映的《饥饿的游戏》同样是电影中的真人秀，但剧中参与真人秀的人在无处不在的摄像机面前表现麻木，没有反抗，也没有过多的兴奋，整个剧集最终淹没在娱乐中，美国真人秀电影似乎忘却了这种不平等关系，对其的批判也逐渐弱化。

3. 消费文化下的商业逻辑

在农耕社会和前工业社会，人类文明主要以创造物质的"生产化"为主，随着后工业时代生产力几何倍数的增长，人类社会也逐渐摆脱了物质匮乏，随之而来的是以"消费"为中心的社会模型，消费在传统社会中被上流阶层的占有变成了平民化、大众化的社会剩余物，人对物的依附性和物对人的支配性被加强，消费的平衡被打破，消费社会来临。在消费社会，经济、文化、社会被消费物质商品的动力所左右。鲍德里亚认为：消费不再是传统意义上的那种与生产活动相对的，对于产品的吸收和占有，现代社会的"消费"是一种"能动的关系结构"，其对象不仅是那些被消费的物品，而且还包括针对着消费者周围集体和周边世界的意义；"消费"是一种"整体性的反应"，而一个社会的文化就是建立在这样一种整体性的反应之上。①消费演变成一种文化意识形态，成为消费文化。与消费文化同时而来的是大众文化，大众文化在大众传媒的影响下扩大了影响力；另一方面大众文化以物质消费为内涵受制于商品经济的法则，逐渐展露出无深度、无历史、无时间的肤浅和陷入感官文化中。

作为拥有社会主流话语权的电视媒体，在大众文化的影响下成为消费文化直接影响人们的载体，尤其是商业化运作的电视媒体，随着各自竞争日趋激烈，为了获得更高收视率，只有不断推出受观众喜爱的电视节目以维持生存，来自市场的赞助就显得非常重要，甚至可以说，商业收入就是电视媒体的生命线。而广告又是商业收入的重要部分，它与电视互为载体，其具有的功利性和消费文化的物质性一拍即合，在传播中自然成为消费文化的核心角色，其传播效果也迅速扩大。

在消费文化中，电视媒体不提供商品给观众，而是通过广告创造商品的"价值"塑造观众的消费意识，使得观众的消费行为不全出自自己的需求，很有可能变成在商品构造的意识形态下一种不自主的消费行为②。美国市场营销专家菲利普·科特

---

① 盛宁：《鲍德里亚·后现代·社会解剖学》，《读书》1996 年 8 月。
② 郑晓红：《消费文化意识形态批判及其意义》，《安庆师范学院学报》（社会科学版）2008 年第 1 期。

勒将人们的消费行为分为三个阶段：一是量的消费阶段，二是质的消费阶段，三是感性消费阶段。①这种消费行为强调的就是感性消费。这种不自主的消费行为便是在感性消费的影响下催生的，它说明观众在电视的广告中看中的不是商品的质量而是与自己潜意识感情的密切程度，这种消费行为是为了追求情感上的渴求或者商品与自我理念相吻合，通过感官刺激不断强化观众对广告的心理依赖性。于是在电视媒体中便不断充斥着各种利用观众感官进行感性消费的广告。为了扩大感性消费的传播效果，电视媒体采取反复强化的策略，通过高强度的传播密度，强制占有观众的注意力资源，不断培养观众倾向性的注意力，挤占观众作为传播对象所拥有的选择权力，从而观众对广告产生心理依赖，在消费行为发生时，便自然陷入广告所营造的记忆里。

在《楚门的世界》中，得以维持楚门30年"虚拟"生活的不是导演克里斯托弗代表的节目组，而是站在他身后的商业财团，作为一档电视节目，财团需要楚门来吸引全世界观众的注意力，以出卖观众注意力资源给市场而获取利益，其最直接的获利手段便是在楚门的人生秀中加入广告。而观众在生活中是

①　叶巧梅：《广告的非使用价值诉求——以消费文化的视角解读服饰类广告》，南京师范大学 2009 年。

作为个体来存在，他们的阶层差异、文化背景形成自己的独特性，但是广告是利益趋同下的价值趋同，不能满足观众丰富的独特性，这就需要通过一定方式影响观众，使其能具有规范的、趋同的观念。李普曼认为，在大众传播高度发达的现代社会，人们的行为与三种"现实"发生紧密联系：第一是客观现实，第二是象征性现实，第三是主观现实。①在现今数字时代影响下，个体的主观现实需要通过象征性的现实来反映客观现实，而象征性的现实便是由媒介给予的。在电影中，楚门真人秀的节目组便通过在巨大的摄影内创造出一个"拟像"的生活环境，使这个生活环境包含了社会的完整生态链，在这个社会中，节目组通过控制主流话语影响了观众对环境的感知方式，提供并选择性地建构真实社会的镜像，形成了观众理解中的"整体世界"，与观众建立起情感上的沟通和联系，成为观众心理和感情的寄托，节目本身就自然而然成为广告与观众之间沟通的途径。

为了最大限度增强广告的传播效果，楚门真人秀的广告以一种商业性的角度加入其中，使广告和节目中的情节、人物有机结合，在无形中诱导观众消费欲望。在电影里，楚门日复一日波澜不惊的生活中，总有一对双胞胎兄弟早上和楚门热情地

---

① 范嵘：《舆论的导向和偏移》，《苏州大学学报》（哲学社会科学版）2011年第2期。

打招呼，将楚门推在墙上，实际上镜头此时便顺势推向楚门身后的广告展板；楚门的妻子从外面回来，向楚门展示某品牌的刀具，并面对镜头说到广告词；楚门在和好友马龙聊天时，马龙向镜头展示一种啤酒，用陶醉的表情说出广告词；楚门在除草时也有镜头对准除草机上的商标。这样的广告展示贯穿节目各个场景，使观众在对剧情的观看中毫无戒备地将对剧情的感性投入转移到商品之中，尤其在双胞胎兄弟那里，每天都会以同样的方式展现广告，强化人们的记忆，使观众产生心理依赖。这种通过情节插入广告的方式也反映出电视媒体具有的"议程设置"功能，它能够提供信息、安排议程来影响人们的关注点和侧重点，在楚门真人秀中，由于节目组控制了楚门以外整个小岛上的生活，使得节目组有选择、有目的地制造人物和情节来宣传广告，刺激观众消费欲望，让广告能以任何可能的方式出现在电视中。

　　楚门真人秀中的广告也利用了明星符号去引导消费，明星具有话题性、吸引力和个人魅力；另一方面，普通人能够通过电视媒体而成为明星，明星在电视媒体也能完成个人形象的重塑。在楚门真人秀中最大的明星和品牌便是楚门，从电影中遍布全球的宣传看，楚门已经成为全球知名的明星人物，与现实中明星一厢情愿的代言广告不同，经过30年的不间断播出的楚门，在其中是作为节目情节展开的决定性元素而出现，甚至在长时间的影响中，楚门成为许多人的"朋友"，对节目也怀有深厚的感情，使得节目有很长时间和机会将商品融入角色生活之中，成为节目中人物生活和习惯的一部分，观众也被不自觉地引导关注广告，产生对广告的心理认同，电影中楚门真人秀的广告几乎全是通过楚门在现场的存在来完成的，达到了润物细无声的效果。而对于那些与楚门打交道的普通人，也在长时间的播放中被电视媒体塑造成了准明星，楚门真人秀中作为护士的妻子所指为标准家庭主妇的形象，楚门对面三口之家的黑人邻居所指为保守传统的美国家庭，楚门家旁边和善的老邻居所指为乐观豁达的美国邻居，这些符号化的特征在观众心理上产生认同，电视媒体通过对这些人物的编码引导观众实现自我身份的符号化确认，使观众不自觉地受到消费符号的指引，完成消费过程。①

楚门真人秀中出现的广告在现实中都是不存在的，反映出电影人刻意通过此方式来表达对消费文化以及与电视媒体关系的批判。

4. 游戏规则下的人性展现

游戏是真人秀中重要的一环，是真人秀中假定情景中的规

---

① 陈功兰：《电视真人秀节目的消费文化特征研究》，兰州大学 2010 年。

则设定，承担着基本的叙述方向，可以说参与真人秀的人们本身就是在玩一个巨大的游戏，连参与者自身也有可能成为游戏的元素，甚至是游戏决定了真人秀的内容，游戏规则也成了内容本身。德国哲学家席勒在《审美教育书简》中提出"游戏"是人类的原始本能和原始冲动，人只有在"游戏"中才能突破社会繁文缛节的束缚，只有在一定的"游戏"情境中才能获得真正的自由，最终达到感性和理性、物质和精神的和谐统一。①

对于真人秀来说，游戏开展的前提是有诱人的目标，因为这个诱惑的存在，参与者们进行了激烈的竞争，使得游戏的纯粹性丧失，变成"伪游戏"，与游戏相比，它不关心游戏过程产生的愉悦，只关心最后的利益，是利用游戏的原始本能来激发观众全民狂欢的体验。

在电视真人秀节目《幸存者》中，最终胜出者可以获得百万美元的奖金，巨大的诱惑成为节目内部叙事的最大动力，激发出每位参与者的潜能，在巨额奖金面前弱肉强食的原始生存法被暴露得一目了然，现代社会中人性的丑恶被放大到极点。

利益的诱惑本没有善恶之分，因为追逐利益是人类的本性，关键在于用什么样的途径去获取利益。规则设计的目的就在于

---

① 席勒：《审美教育书简》，载马林刚：《席勒美学思想研究》，南京师范大学2005年。

对参与者进行规范和约束，而规则的设计具有主观性，它能让参与者按照规则设计者的愿望来活动，为参与者划定了行为的边界，体现出的是规则设计者的意志和利益。在消费意识形态的影响下，游戏规则指导着人们的生存和人际关系，所展示的人性都被转化为可以消费的对象，巨大的商业利益才是真人秀规则制定者的根本目标。《幸存者》的节目组将参与者扔在荒无人烟的地方，策划出一场现代人的生存游戏，在规则的设定下，参与者不仅要学会在恶劣的自然条件下生存，还要处理人与人之间的关系，甚至还制定出让参与者可以使用除暴力以外任何手段的规则，使整个游戏弥漫着隐性丑陋的人性。而人性又具有两重性，一方面人是自私的，人的生存就是无限追求个人欲望并得到满足的过程，另一方面，人又具有理性的一面，能够订立规则规范人们的活动。所以节目的参与者一面要争取巨额奖金，一面不得不认同游戏规则，规范自己的行为，展现出了复杂的人性。一位曾参加过《生存者》节目的参与者事后说："实际上，为了自己能得到100万美元，我们把人性中除了暴力之外的最可怕的手段都使出来了，我甚至都觉得自己的性情发生了很大的变化。"[1]这场由规则架构起来的"人性游戏"，使得

---

① 刘淼：《异化的〈完美假期〉》，《青年记者》2002年第10期。

观众在观看中发泄了在现实生活中的压抑情绪，满足观众潜意识的游戏情节，体验到紧张、刺激、对未知结果的预期等奇妙的感觉，继而给节目组也是游戏规则的设定者创造了巨大的收视率和经济效益。

在《楚门的世界》中，即使楚门的生活富足、充实、无忧无虑，但他实际生活在被设定的游戏规则下，在这里楚门虽然是整个楚门真人秀的主角，可严格意义说，他并不是这场游戏的参与者，他是被动地生活在游戏里的人，楚门身边生活的人才是这场真人秀的参与者，楚门不能离开小岛成为真人秀里最大的规则。这些楚门周围的人，参加的是一场时长近三十年的真人秀，电视机前这场秀里，他们扮演着关爱孩子的好父母、体贴丈夫的好妻子、分享痛苦和快乐的好朋友，还有亲切友善的好邻居等，这个看似和谐的社会关系，实际暴露出的是人性的丑恶，生活在楚门周围只是他们赚钱获取名利的手段，就像在追捕楚门的过程中，亲情和友情成为诱饵，人们会咒骂他让自己丢掉饭碗，没有人真正在乎楚门作为自由的个体所应有的权利。对于这场真人秀规则的制定者克里斯托弗来说，楚门的一生是他的事业，是得以名利双收的赚钱工具。甚至当观众为楚门走出摄影棚而欢呼时，还能否记起也是他们助长了这场游戏得以存活 30 年、获得了无数关注和溢美之词，当楚门离开时，人们也只是平静地换个频道而已。在这里，楚门的"真人秀"被后现代主义结构和消解，改造成为大众乐于和习惯解读的浅易文本，最终成为娱乐化的电视节目，忽略了楚门作为自由个体而存在的不平等关系。《楚门的世界》拓展了游戏规则所展现的人性复杂性，它不仅仅揭露处于游戏中人们的人性，也对游戏规则的制定者和游戏的观看者进行了深刻批判和讽刺，对消费主义下的大众传媒做了深度反思。

对于人性的拷问也是电影艺术一个很好的论题，还有不少电影对于在真人秀规则里展现出来的复杂人性展开思考。例如《死亡实验》《大逃杀》《血聘》等。在其他美国电影中，《狙击电话亭》《电锯惊魂》等都有类似的真人秀，相较于电视节目的点到为止，不少电影中规则设定下的环境极为恶劣，往往使众人处于绝境之中，为生死问题挣扎，展现人性深处不为人知的一面，进行深刻探讨。在美国电影《八面埋伏》中，特工们被困在孤岛上，在这种绝境下，他们展现的都是人性中恶的一方面，观众在观看电影时也不断对人性有着自己的思考，这些电影不局限于关注个体的命运，而是延伸出对整个人类社会的思考。

真人秀在美国电影中的发展

（一）观念的转变

从真人秀在美国电影中的运用可以看出，银幕上电影中的真人秀长盛不衰，引发持久的关注热度，但回顾近二十年来电影中的真人秀，也能明显地看出观念的转变。《饥饿游戏》和《艾德私人频道》就明显地体现出这种观念的变化。2012年上映的《饥饿游戏》改编自同名畅销小说，讲述了在未来世界发生的异常残酷的生存竞赛，在名叫施惠国的地方，因为贫富差距及一系列不公平待遇，导致75年前发生了13个行政区的民众暴动，最终被残酷镇压，为了加强统治和警示国民，决定在施惠国的都城凯比特举办一年一次的电视真人秀"饥饿游戏"，在这个游戏中，将从叛乱的12个区每区挑选两名12到18岁的少男少女，最后有24人作为贡品参加"饥饿游戏"，内容是杀人或者被杀，最终只剩一个人时结束游戏，这个人将会拥有巨大的财富与荣耀；而《艾德私人频道》的灵感来源于美国电视节目中一种不经剪辑、特效等任何表现技巧，完全记录真实事件的电视节目，讲述了录像带店员艾德因为偶然的机会成为新节目的主角，他每天24小时的生活被完整记录下来，赤裸裸地展现在电视观众面前，没有任何剧本和作假，在情节未知的发展中，艾德成为电视节目上最闪耀的新星，但一系列烦恼却困扰着他。《饥饿游戏》和《艾德私人频道》相比早起电影中的真人秀《威龙猛将》与《楚门的世界》，不少观念大相径庭，反映出美国电影人对真人秀运用态度的转变。

1. 从间离到投入

所谓间离，就是观众虽然在观看剧情，但却被文本的创作者阻止其完全入戏，使得观众与展现的内容保持距离感，让观众能有自我的思考能力和情绪反应，甚至可以在观看中脱离剧情，对现实有思辨能力。间离强调与幻觉的对立关系，在理性的认识中，观众过多的心理投入产生了对表现内容的幻觉，这种幻觉以其逼真性遮盖了幻觉引发的认识误区，导致虚假判断的产生，所以幻觉在理性认识中并没有价值。①

——————————

① 林婷：《对布莱希特"间离效果"理论的再认识》，《贵州师范大学学报》（社会科学版）2005年第4期。

美国早期电影中的真人秀，只是电影表现的一部分，《楚门的世界》楚门悲剧的半生来源于强加于他的真人秀，电影内容所表现的真人秀被当作一个审视的对象展开，隔离了真人秀营造的幻觉，唤起观众对楚门以及自身生活复杂性的感受，使观众能以清醒的旁观者身份来理性地拷问悲剧的来源，自然而然地对真人秀持批判态度，这时观众与电影便处于典型的间离过程。

而投入恰恰相反，其目的在于使观众融入被表现的幻觉中，激发了观众的共鸣心理，让观众沉浸于幻觉中不能自拔，继而失去独立的理性审思能力。弗洛伊德认为，幻觉产生的心理机制是"幻想只发生在愿望得不到满足的人身上，幻想的动力是未被满足的愿望"。①真人秀正是满足观众陌生、刺激、激情等体验的幻觉，以奇观化的审美迎合大众的审美幻觉，最终使观众投入在幻觉之中。

在电视真人秀节目引发全球流行后，电影中的真人秀逐渐由旁观的身份投入其中，开始将真人秀作为电影叙事的一部分，间离感逐渐消失，对真人秀的审思弱化。在电影《饥饿游戏》中，用大量篇幅交代"饥饿游戏"这场真人秀的游戏环节，不同于楚门真人秀中设置的场外观众，除了在饥饿游戏开始前和

---

① 齐瑞成：《苏曼殊创作心理分析》，杭州师范大学 2009 年。

结束后出现的群体性观众外，几乎看不到观众，而在楚门的真人秀里，场外的观众被具体化为不同的职业、年龄等，在饥饿游戏进行中，消失的观众被延伸出银幕外，观看电影的我们成为这场游戏的观众，体验着这场游戏带给我们的刺激、惊险、希望和爱情等，忘却审思使人变得麻木起来，真人秀不再是电影要批判的对象，而成为被批判的本身。

2. 从拷问到娱乐

"从间离到投入"，反映出美国电影对真人秀的反思已不复存在，逐渐走向娱乐狂欢的潮流中。

尼尔·波兹曼在他的《娱乐至死》中说道：在大工业时代的传媒世界中，人类将耽溺于感官刺激，安于享乐而失去思考能力。外来奴役并不是最可怕的，因为民众总会群起反击，而来自内部的奴役是致命的，人类失去自由却还兴高采烈、浑然不觉①。在当代视觉文化中，更是用电子媒介强化娱乐，后现代主义的拼接、去中心化和消解的娱乐等无处不在，将娱乐精神渲染到极致。

电影的娱乐化和观众的消费心理是相辅相成的，在社会生活中，人们不仅需要劳动生产，也需要精神的放松和享受，在

①　尼尔·波兹曼：《娱乐至死》，广西师范大学出版社 2004 年版。

这样的情况下，影视传媒逐渐发挥出精神娱乐的职能，引发了传媒市场的娱乐化，让人们在娱乐中放松理性的批判、对社会的反思和对真善美价值的判断，在这里，传媒产品所反映出的意义不是不被讨论，是彻底地被消解而无从讨论了。随着传媒以及传播技术的进步，传媒对人们生活的干预与渗透愈发强烈，传媒产品改变了人们的生活方式甚至思维方式，使得人们对其的依赖加强。在这种影响下，电影不再关注社会深层、严肃的问题，而是迎合人们的娱乐心理。

不少美学的研究学者将电影的娱乐化看作人们审美的退步，人们的审美在这里产生错位，"美"从理想精神回到人们的享乐之中，变成看得见摸得着的生理快感享受①。在他们看来，感官的刺激是和恶俗趣味联系在一起的，感官带来的精神享受是"媚"而不是"美"，娱乐化成为低俗、暴力、色情的代名词。

在《饥饿游戏》中，对真人秀游戏环节的展示也要比《楚门的世界》更完整和宏大，但却没有对真人秀背后的文化现象进行深入的探讨，对于幕后准备的展现也并不是要揭露和质疑，而是为了娱乐性考虑，加大了观众的"投入"感。选手们的游行出场仪式伴随着华丽、奢侈的个人展示，台下的观众和主持

---

① 郑根成：《媒介载道——传媒伦理研究》，中央编译出版社 2009 年版。

人是浮夸、怪诞的造型，选手为了获得赞助方的青睐，编造故事来构建自我形象，最终在死亡游戏中走向娱乐的高潮。这场24个少年互相杀戮的真人秀游戏，情节占据影片绝大多数篇幅，在游戏中甚至可以设计陷阱、火灾和改变天气等，随意操控选手的生死。在选手里，生活和情感都被暴露在镜头前，成为游戏的一部分，连女主角凯尼斯为了赢得游戏也去编造爱情，爱情成为她游戏胜利的策略，为她赢得宝贵的生命。在游戏中，惊心动魄的杀戮情节带给观众强烈的视觉享受，屏幕被刺激的视觉符号所包围，严肃的话题在这里被消解，成为观看和被消费的对象。值得注意的是电影中都城凯比特的观众，他们和游戏的设计者一样，对选手的生命保持着漠视的态度，他们的推动成为这场杀人游戏能够维持和发展的原因，但在游戏环节开始时却不见踪影，听不到他们的声音，失去思考能力，对于电影外的观众来说，人们忘记应有的拷问，也沉浸在暴力的格斗、炫目的画面特效和美女英雄打造的娱乐狂欢中。

娱乐的目的是为了狂欢，巴赫金在《拉伯雷的创作和中世纪与文艺复兴时期的民间文化》中详细阐述了他对狂欢的理解，他认为中世纪的人似乎过着两种生活，一种是常规的，十分严肃而紧蹙眉头的生活，服从与严格的等级秩序的生活，充满了恐惧、教条、崇敬、虔诚的生活；另一种是广场狂欢式的自由自在的生活，充满了两重性的笑。①巴赫金认为在狂欢中，人们摆脱了教条主义、神秘主义和虔诚，人们在狂欢的仪式中变得平等，打破了阶层、年龄、地位的束缚，都参加到狂欢其中，人在这里回归自身，展现了自身存在的自由形式，也表现出它的两大特征：全民性和仪式性。《饥饿游戏》里展现出的施惠国实际上是一个等级森严，依靠着强权统治的国家，在阶级中最低端的12区人民的命运是被统治阶级所支配，阶级最顶端的总统统治手段残暴血腥，一年一度的饥饿游戏并不仅仅是维持统治阶级的权威统治，也是依靠这种真人秀全国直播的形式制造大众狂欢的舞台，12区人民和全国观众所代表的社会普通阶层暂时消解了阶层差异投入狂欢之中。在游戏未开始前，现场录制的节目到处充满观众热烈的呼喊，为他们所喜欢的"贡品"而疯狂，主持人也以轻松调侃的语言为全场造势，统治阶级也将游戏包装成仪式的舞台，庄重喧腾的出场仪式，炫目耀眼的采访仪式等，在仪式舞台聚光灯和周围热烈的氛围下，来自12区的贡品们也忘记游戏本身的残酷性，以一种荣誉的姿态和观众共同沉浸于狂欢之中，用各种手段讨好观众和赞助商，展现出人固有的欲望本质。事实上，狂欢成为统治阶级为被统治阶

①　巴赫金：《陀思妥耶夫斯基诗学问题》，白春仁、顾亚铃译，生活·读书·新知三联书店1988年版。

级建立所谓的平等而演绎的策略，高高在上的总统权力依旧是不可逾越的，这是巴赫金阐述的在中世纪相对于狂欢的常规生活，严肃服从的等级秩序在狂欢的仪式中并没有被消解，反而不断被强化。在这里，统治阶级以真人秀的方式将普通观众和12区的民众带入狂欢的娱乐之中，而他们却无法逃出真人秀打造的狂欢梦境中。

3. 从批判到和解

在早期美国电影中的真人秀中，电影对真人秀反映的文化是彻底的批判态度，电视在影片中是罪恶和权力的象征，《威龙猛将》《楚门的世界》是这一时期的典型代表。然而，在《艾德私人频道》中，影片对真人秀的文化批判性减弱，成为极具娱乐性的电视节目，不同于《楚门的世界》中楚门逃离电视的监控，艾德是在利益的诱惑下自愿选择被电视观众窥视的生活，每天24小时候拍摄为电视媒体获取巨大的收视率，电视媒体对个体的惊人控制力被放大到让人瞠目结舌的地步。艾德的女朋友莎莉被暴露在镜头前，对无处不在的摄像机感到厌烦，电视观众也不买账，纷纷对莎莉加以指责，连莎莉是否配得上艾德的调查也上了《今日美国》的头条，莎莉选择忍受，却最终在与艾德的缠绵中被曝光裸体选择离开，艾德的麻烦也接踵而至，他的哥哥靠他的名气写书诋毁他、美丽的模特利用艾德提高自己的知名度，父亲的出现使家庭的丑闻在电视上曝光，这一切都是电视媒体造成的，人的公共领域和私人空间产生"内爆"，成为观众享乐窥视的娱乐节目。即使最后获得大团圆的结局，电视媒体的霸权也没有受到根本性的影响，整个电影暴露出电视媒体为追逐利益不择手段的贪婪本性，对真人秀没有过多的讨论，只是满足观众在对电视媒体的嘲笑中获得的虚幻快感，本片的导演霍华德也没有以批判的态度去引发观众对电视文化的思考，而是以喜剧的方式表现艾德的经历，以娱乐的态度消解深层意义，电影变成了一场闹剧，影片的批判性也逐步消失。

从电影对真人秀批判的态度到顺应电视文化中真人秀的存在，电影与电视逐步走向了"和解"。实际上，不仅是电影中的真人秀，如今的电影已很难看到具有批判精神的存在，纷纷堕入娱乐至死的境地，尤其在真人秀设置中存在的满足"窥视"和幻想的因素，给观众带来巨大的视觉享受。纵观美国电影中的真人秀的发展历史，从批判的精神到逐渐认同，虽然有一丝遗憾，但也推动了真人秀题材电影在全世界的影响，成为新兴电影类型的组成部分。

（二）真人秀在美国电影中表现不足

1.虚假信息和炒作嫌疑

在鲍德里亚提出的形象承接的四个阶段中，第四阶段成为真人秀的表现形式，对真人秀来说最大的卖点也是真实，因此其所打造的形象也必须体现和具备真实的特点。但是，在目前的美国真人秀电影中出现不少过度夸张的手法，虽然能够从感官上给观众更加强烈的刺激，但是似乎是超越真实的范畴。例如《八面埋伏》，虽然选手们在孤岛上面临困境时所表现出来的大部分都是人性的弱点，但是在这部电影中，人性的弱点还是被放大了，尤其是对队友的猜疑，似乎这些手段是为了埋下伏笔，真人秀的本质和最重要的特点就是真实性，电影的确可以采用夸张的手法，但是也要基于真实的反应进行适当的夸张，而不能无限放大，这是对真人秀真实性的最基本的把握。过度夸张的反应和过度巧合的剧情都使得电影中的真人秀充满炒作的嫌疑。

2. 同质化与过度娱乐化

同质化表现在电影里是对电视节目表现的单一性和内容的模仿性，几乎所有电影中的真人秀都是一样的流程，即先设定特定的情节和背景，然后将选手放入设定的情节和背景中，全方位地拍摄选手的反应并放到观众的面前，使对真人秀的表现方式不断窄化。

其次是过度的娱乐化。电影中真人秀的拍摄方式往往是通过跟踪拍摄或者在隐蔽的地方安装摄像机，以保证能够全面地拍摄到每个人的动作和表情，将整个团队的全部表现进行完整的记录，并保持其真实性。其实电影本身就具有娱乐功能，但是以暴露人性的弱点和隐私来获取娱乐显示出美国电影中真人秀的过度娱乐化，反映在电影里便是过度重视视觉效果和满足观众的窥视欲望，使得电影的深度思考不再。

3. 所宣扬的文化价值比较单一

西方文化具有强烈的个人主义思想，这种思想在美国电影的真人秀中得到充分的体现。美国电影的真人秀中主张个人主义，人与人之间平等、个人的自由与责任感，倡导个人的独立自主的权力。例如《楚门的世界》《饥饿游戏》都宣扬英雄式的个人主义，事实上成为对美国文化的一种宣传。

4. 纪实性过多

最早的电影就是以纪录片的形式表现出来的，而电影中真人秀在发展中却越来越倾向娱乐性。电影中真人秀最主要是人为制造悬念，然后从一系列已知的事情引发出一系列未知的事情，在编制的故事发展的过程中，真人秀中的人物之间的关系和矛盾冲突在发生着变化，观众对这种紧凑的情景变化和情节进展能够保持一种愉快紧张的期待状态。但是电影中出现大量纪实性元素，导致观众对期待感较差。《我就是我》虽然被划为真人秀题材电影，但是更多的依然是纪录片的表现形式，为了纪念迈克尔·杰克逊，制作方剪辑了杰克逊的所有演唱会准备阶段和演唱会现场录像，形成一部 120 分钟的电影，这种类似于人物传记的电影严格来说应该划为纪录片的范畴，虽然具备真人秀题材电影的真实性和娱乐性，但在电影中真人秀以人为中心推动故事情节发展的戏剧冲突表现不足。

真人秀在电影中运用的思考

（一）真人秀在电影中的文本叙事进程

单纯试图去阐释任何类型电影银幕向观众所呈现的诸多价值观念，这是一种不断深化的、复杂的且具有长期性的推导过程，但是通过研究其中某一种类型的电影叙事文本，我们大致可以判断并理清其价值观念在大的客观社会背景框架下所具有的社会地位，并且，通过对这种社会地位发展状况的认知，我们可以获知该叙事文本所代表的这一类型影片的创作意义所在。

我们知道，任何电影都不可能脱离其叙事文本而独立存在，真人秀在电影中同样如此，因此我们有必要探究其叙事文本对于客观社会的真实反映，这类电影的叙事文本对于"现代"的概念是如何认知的？它如何通过对"现代"的定义来影响受众所生活的客观社会？这都是需要深入研究的严肃课题。

要理清真人秀在电影中叙述文本向观众所传达的"现代性"概念，先要理清"现代"所具有的广义概念，在文本叙事学科领域的研究历史上，"现代"概念的观念最早可以追溯至中世纪西方的经院哲学，德国解释学家姚斯在《美学标准及对古代与现代的历史反思》一书中，对于"现代"一词作了权威性的考证，姚斯认为现代的标准在于公元 10 世纪古罗马帝国向基督教世界逐渐过渡的时期，目的在于将古代与现代区分开来，哲学家马泰·卡林内斯库在《现代性的五副面孔》中，认为现代性观念源于基督教的末世教义的世界观念，英国历史学家汤因比在 1947 年出版的历史学巨著《历史研究》中，将人类历史划分为四个阶段，将"现代"时期特指为文艺复兴与启蒙运动时代。而对于"现代性"学说最为权威的法兰克福学派的学者哈贝马斯认为，所谓现代，实质上是某一事物古往今来变化的结果，这种结果也随着内容的不断变化而反复再三地试图表达一种与过去息息相关的、相同或不同的时代意识，哈贝马斯指出："人们的现代观念随着自身信念的不同而不断发生变化，这种变化由科学促成，同时相信知识的无限进步，社会改良的无限发展。"①

---

① 蔡涛：《杨炼史诗的现代性分析》，中南民族大学 2008 年。

根据上述不同权威对于"现代性"的理解，我们不难发现，叙事文本所表达的现代观念，实质上是一种建立在不同价值观之上的共同时代意识，这种时代意识往往也随着受众对同一信息的不同接受程度而不断地发生着变化，这种价值观念的变化在一个时期内形成一个持续进步、带有强烈目的性的成熟系统，它是不可逆转的发展的时间观念影响下的历史进程和价值取向，因此，电影叙事文本的现代性本质就是使人类的实践活动具有整体性、广延性和持续性。

　　真人秀在电影中的不断出现，证明受众群体受文本影响之后所生成的较其他不同电影种类带来的价值观念上的变化。

　　当《美国偶像》和《全美超模大赛》等诸如此类的真人秀向电影银幕延伸，由其所引发的电影叙事文本的现代性革命也随之到来，《全美超模大赛》在全美乃至全球的风靡程度之强烈世所罕见，以至于让其他地区同类型节目都相形见绌，爆表的网络点击率与电影上座率体现了持续进步的现代性观点，而全球范围同质类型影片的广泛模仿，又引发真人秀在电影中叙事的变化，进而又受到相关领域专家学者的不断批判。由此可见，自从真人秀在电影中出现，这种电影叙事艺术的现代性与银幕之外观众所面临的客观社会历史构成一种持续的紧张关系：真人秀在电影中既需要表现反映不断进步的观影观念，为电影叙事的多样化发展提供具有进步性的合理论证实践依据，同时这种叙述艺术又在不断反抗抵制这种现代性，它将这种多样化的进步看作人类本身偷窥欲望的恶意放大，从而具有道德范畴下的罪恶感，与这种罪恶感息息相关的票房利润也因此沾染了不洁的气味。美国电影中的真人秀为电影艺术的叙事手段多样性变革提供了审美与情感，只有从其叙事的现代性角度，才能找到其所表达的价值观念和历史内涵，以及在电影美学上的时代意义。

从电影叙事的现代性角度，我们可以把这类电影对受众观影观念的重新转变，和对与此相关的社会现实的艺术化展示，看作一种历史化的过程，因此可以将电影叙事的现代性和历史化关系，总结为"电影叙事对客观社会的历史化冲动根植于电影叙事自身的现代性，而电影叙事的现代性则依靠其对客观社会的历史化而体现"。

电影叙事的历史化表明电影艺术与社会现实构成一种特殊的想象关系，通过历史化，电影让社会的客观现实具有可以供人们感知和理解的形式和意义，并且使电影艺术本身成为社会客观现实的一部分而存在，电影叙事的历史化不仅关注如何建立电影自身的历史，同时更加关注电影叙事如何使它所表达的社会现实具有合理的历史性，如何用电影中的真人秀特有的叙事观念和方法来表现解释人类的生活。

因此，电影叙事的历史化概念可以包含几个方面：历史化的电影叙事可以反过来历史化社会现实，电影叙事所表现的历史具有完整性，可以与现实形成互动关系。

电影叙事的历史化可以使电影中的真人秀与传统电影显著区分开来，对社会现实不断强化的历史化，才能使其具有较大的社会能量，进而具有重建当代观影思维、接受新型价值观念、观影情感与想象的能力，宏观概念上的电影叙事需要这类电影提供新的历史化手段，对其进行再度阐释、反思与解构。

在不断发展的世界电影史上，对于现实社会的客观观察需求，是这类电影出现的充分阶段，在这一阶段，真人秀在电影中的叙事具有完整的历史观，并且以再现客观社会历史为最高准则，其试图去揭示他人真实生活的客观环境与规律，并为他人生活的现实存在提供充足的形象依据。在同类型电影出现后发生的产能过剩效应到来，大量被刻意虚构或描绘的、具有"伪真实性"的这类电影叙事手法的推动下，比较激进的"历史化"电影叙事创造了真人秀在电影中的特殊经验。之后人们迎来对真人秀在电影中创作观念的转变期，因此，其面临着以其他方式重新复述客观历史的任务，也就随之迎来了再历史化时期，这一时期真人秀在电影中始终面临着叙事手法转型而带来的艺术创新压力，这种压力恰恰来自电影叙事手法自我反思的挑战，最终导致真人秀在电影中由宏观的再现集体历史化的层面，转向了对个人经验、语言本体的重视，以至于最终在电影叙事的转型期出现了"去历史化"的趋势，这种状况的出现，对同一种电影类型而言，既是一种解脱，也是一种虚无，于是，在可以预见的将来，这类电影会再度面临"再历史化"的压力。

真人秀在电影中历史化的叙事过程表明，电影叙事的现代性在电影学科中会始终按照电影独有的方式展开其社会实践，现代性在这类电影的发展历程中既走到了尽头，同时又是一项未竟的事业，这使得这类电影叙事所蕴含的文化构建呈现出非常复杂的形式，在其历史化与去历史化的纠缠结构当中，电影的创作主体也表现出解脱与反思的双重姿态，并努力使电影叙事在现代性与后现代性的两难语境中寻找出路。

因此，从"现代性"角度诠释真人秀在电影中的发展是非常必要的，理清其发展脉络，这种视角对于认识其叙事是必须的，在理清其叙事的过程中需要注重几点：首先，这类电影与传统电影有着一脉相承的关系，这种关系只有放在电影叙事的历史化框架中才能得到解释；其次，真人秀在电影的叙事历史化过程中是不断激进的，只有在激进的历史化中才能理解电影中的真人秀；最后，这类电影与传统电影的叙事手法上包含着互相转变、借鉴、继承、割裂与扬弃，这是其与传统电影的差别所在。电影叙事的旧的历史化结束往往意味着新的历史化进程的开始，不断地历史化，是电影中真人秀叙事面临的使命。

（二）真人秀在电影中的视觉审美思考

电影中真人秀的运用历程反映出大众视觉化审美的转向，这一转向依赖于人类视觉技术的进步，人类从最初的文字阅读到以视觉图像为主的时代，其过程和消费是紧紧地联系在一起的。电影中的真人秀创造出快感体验，产生了快感消费，最终导致脱离了感性束缚的视觉狂欢，最初立足于阅读的独立与思考离我们逐渐远去，这是视觉审美在消费意识形态的操纵下成为了商业的帮凶。其实在电影中的真人秀里，无论是拟像还是娱乐化，抑或是其他理论家提出的关于电影批判的相关论述，都可以看到对消费主义意识形态的批判与反思，在一定程度上表明了消费主义意识形态下的反理性本质。

传统的文本阅读是平面和想象的，而在消费阅读下则变成了立体的和直观的。在观看影像的过程中，又通过凝视体现出对视觉形象的消费，反映出现代社会中隐蔽的权力关系。我们眼中看到的已不仅仅是纯粹的物，更像是一个个商品的仿像。鲍德里亚认为，消费控制着客体使其成为符号，然后再由符号来界定特定的人群，普通的生活用品往往不是由自身的使用价值决定的，其实在的物质性是从仿像中的象征价值中获得意义，在商品交换的过程中，被转换的只是它的符号，而不是可以触摸到的物质质感，维持这个环节运转的持久动力只是消费的欲望。这种消费欲望是实时变化的，他保证了时尚的潮流，不停地循环变换着特定的风格和形式，以此确保了消费文化的运作。而且，无论消费文化中商品外表多么华丽或者普通，其本质都是信息的表现，在一个表面化的世界中，商品变得没有意义，所有的事物都被强化、夸大、扭曲了。

电影中的真人秀运用的变化同时也反映出视觉霸权时代的来临，在凝视的意识形态叙事中，在工业性的机械复制中，媒介创造出符号的幻觉无处不在。前文所提到的凝视也潜移默化地受到视觉媒介的影响。当人们与媒介接触时，便完成了一次视觉活动，意识形态此时也因为电影叙事内化而融入影片，为大众的想象提供了合适的镜像，再通过这种反复的再生产形成了与社会权力结构一致的主体，最终实现意识形态的霸权功能。在电影里的真人秀中，英雄主义、奇观化的视觉效果就通过电影的内在表现融入电影，不知不觉中对观众产生意识形态的渗透。同时，观众对电影里真人秀视觉效果的迷恋产生出一种后现代文化，越是反映出视觉性的东西，就越是后现代的。在电影里，当所有的影像都存在意义，电影也通过视觉无意识的为观众造梦，于是人们产生精神错乱，而在电影院里的宣泄就是对这种精神错乱的有益排解。

虽然中国电影还未出现针对电影里真人秀的展现和讨论，但随着中国电影市场的巨大发展，各种题材电影的不断融合，界限也愈发模糊。美国电影对真人秀的展现和探讨也将会在中国电影银幕上出现。

电影艺术最本真的特点就是反映真实生活，电影不以真实生活作为创造的基础，就很难表达出艺术本身的内涵，尤其是在科技手段大量运用在电影的时代，本身就缺少反映现实题材的中国电影，在高科技面前被降低为生活素材，一些影片过度使用科技手段营造奇观化的视觉效果，不仅造成人们审美的疲劳，也脱离了现实生活的基础，充满了虚假感。在电影里的真人秀中，这种现象也展现出两面性。

首先，从有益的方面讲，电影更注重生活细节，把真人秀中的各色人物生活细致地描摹出来，电影也能在特殊题材下通过特效营造奇观场面，把真人秀难以展现的场景展示出来，反映人在这种情境下的生活状态，也使影片更富视觉冲击力。例如在《饥饿的游戏》中，通过特效展示了大量生活中不存在的场面，高高在上的主席台、奢华绚丽的节目现场和服装效果、森林中电脑随意设置的障碍和猛兽等，都展现出强烈的等级观念和主人公在绝境面前的艰难选择。其次是电影中真人秀美与现实美的比例失衡，主要体现在忽略了现实因素、过于注重娱乐性，这些电影中的真人秀不断渲染着丛林法则，夸大了人性的阴暗面，没有站在客观的角度审视。

当代中国电影已经逐步注重从人物的心理世界表现现实中的真实，不仅丰富了电影角色的表现力，也容易与观众产生共鸣。在电影中运用真人秀应该首先重在表现人物及其内心世界，人物是影片表现的基础，电影的审美也是随着人物的故事发展、情感变化而改变的。其次，展现人物适合表达人物情感，也能将电影人对电影的思考和情感融入其中，用艺术的形式适当揭示真实的生活。

电影里的真人秀用科技手段贯穿故事情节，产生了与人文意识之间的不平衡，在人文意识领域，始终倡导精神的超越，重视人的主体性，电影中过度地使用科技手段，导致影片思想深度缺失。中国的传统审美有理性和非理性之分，理性包含了儒家和墨家的美学观念，非理性包含了道家和佛家两种哲学思想，中国人于是更擅长对意象的运用和对直觉的体悟，中国人的思维更接近非理性，而不同于西方人较强的逻辑思维，在这种情况下，电影里运用大量科技手段增强猎奇性的审美，人们反而越来越喜欢，使得传统中表现意象的美学观念被忽视，也直接影响了电影所追求的人文哲学。所以在电影里的真人秀中，应当注重反思艺术价值的重要性，如果一味地助推如今大众的不理性欲望，会使电影很容易失去本来的意义，真正使人共鸣的电影，是它自身深处的精神价值与人的精神价值契合，产生一种和谐的审美。电影如何表现真人秀，把握科技与人文的平衡度，发扬具有中国审美传统，反映当下现实的电影，才能不断发挥优势，扩大市场。

结　语

　　真人秀是电影与电视在艺术手法上不断发展出的新的表现形态，虽然它一直不算是主流的电影电视艺术形态，但这些年真人秀风靡全球的态势，尤其是中国大量购买国外真人秀节目进行本土化创作后，取得广告和票房上的巨大成功，使得"真人秀"这一表现形态又被更多的人关注。纵观真人秀电视的发展历史，二十多年的时间沉淀，已经使之成为观众喜爱的节目形态之一，"真人秀"背后产生的文化因素、历史人文背景和对文化深度的探究与理解，都早于真人秀电视节目运用本身，这种对真人秀内部文化机制的探讨在各种艺术形式中都有反应，尤其是在电影艺术中，真人秀这一脱胎于电视的节目形式，找到了最容易复制的近亲——电影。

　　湖南卫视电视真人秀节目《爸爸去哪儿》延伸出来的大电

影，一经上映票房便一路攀升，票房收入将近 7 亿元，并且首日的票房突破了 9 000 万元，它在票房上的成功，也许是电视节目的一次华丽转身，冲破电影与电视之间的界限实现的成功。但从电影创作的艺术角度来看，很多导演和业内专家认为，《爸爸去哪儿》很难称之为"电影"，首先它没有完整的故事，演员们也谈不上什么演技，技术上是对字幕之类的特效加以完善，是名副其实的娱乐节目。甚至很多看过的观众都大呼，是在电影院里看了《爸爸去哪儿》电视版的第 13 集，并且这部真人秀似的"电影"前期不但没有创作分镜头脚本，甚至后期剪辑也全凭工作人员对素材进行筛选而拼凑成的。再来看拍摄素材的总时长，自从色彩电影艺术进入人们的视觉生活范畴以来，只用一周去拍摄出的电影，是绝无仅有的，而《爸爸去哪儿》这部真人秀的"电影"只用了 5 天时间就已经拍摄完成，一经问世伴随着高票房而来的，便是一大批的批评和质疑，相比于美国电影中的真人秀无论是最早的《楚门的世界》《艾德私人频道》，还是苏姗·柯林斯的反乌托邦小说"饥饿游戏"三部曲中的第一部《饥饿游戏》电影，从故事架构、叙述技巧、拍摄深度、艺术手法等都不可同日而语。

美国电影人对于真人秀题材的电影创作是有着一定预见性的，他们在真人秀节目在电视上大行其道之前就已经针对"人"

的本能和心理进行了影像上的探究。本文相较于国内其他的研究不同的是，本文的切入点并不单单从电视真人秀的改编成电影入手，而是从"为什么要选择真人秀题材拍摄成为电影"这个问题入手进行探讨，这也是我为什么要选择这个主题的原因之一。其次，目前美国的商业电影运作机制已经十分成熟，相关的论文针对技术层面如数字技术、宣传方式、商业运作、特效创作等的研究数不胜数。本文研究并不针对技术层面，而是从文化层面来探讨艺术创作对于人性的探索和发现，通过典型时期的典型电影作品的分析，指出美国真人秀电影在思想创作中的转变和发展。

回顾真人秀在美国电影中的历程，可以看出真人秀的运作背景、游戏规则的伦理和合法性都被电影所接受，而逐步减少了对真人秀的思考。我大量阅读文献发现对于研究真人秀节目的本土化，以及真人秀电视节目的商业价值、真人秀节目的叙事方式，研究文献搜索多达 9 000 条，但对于真人秀运用在电影中的研究，却只有数百条，所以想通过研究真人秀在电影中的运用，从而挖掘更深层的艺术文化创作内涵，试图梳理电影中真人秀的运用，想从中找出未来我国真人秀题材的电影如何做到既在票房上取得成功，又在口碑和深度上有所建树。

参考文献

1. 王淑梅：《消费社会与人的生命符号化》，《北方论丛》2007 年第 2 期。

2. 尹鸿：《电视真人秀的节目元素分析》，《现代传播》2005 年第 5 期。

3. 魏渲：《试论真实电视"游戏"与"拟像"的双重媒介文化属性》，《文化与传播》2012 年第 2 期。

4. 洪丹编译：《真实电视真实的谎言》，《读者文摘》2002 年第 4 期。

5. 王腾飞、刘怡君：《电视到电影的跨界思考——以〈爸爸去哪儿大电影〉为例》，《西部广播电视》2014 年第 15 期。

6. 任陇婵：《电视节目与电影的"变身术"》，《南方电视学刊》2014 年第 2 期。

7. 韩红梅：《美国电影中的电视文化》，《中国广播电视学刊》2010 年第 12 期。

8. 李显杰：《人文精神与中国当代电视文化》，《华中师范大学学报》（哲社版）1996 年第 3 期。

9. 郭本正、王素梅：《关于娱乐节目的文化选择》，《新闻传播》2007 年第 2 期。

10. 吴申坤：《游戏中的众人狂欢——论"真人秀"电影节目的消费文化特征》，《科教文汇》2007 年第 1 期。

11. 朱明明：《窥视、梦想、商业》，《新闻世界》2011 年第 13 期。

12. 郭懿琳：《娱乐产业如何消费大众》，2014 年。

13. 吴敏：《好莱坞视域中的灾难娱乐化传播及其反思》，《学院论坛》2012 年。

14. 王念：《从观展表演范式看美国真人秀》2013 年第 6 期。

15. 尹鸿、陆虹、冉儒学：《电视真人秀的节目元素分析》，《现代传播》2015 年第 5 期。

16. 丘雅：《从〈老大哥〉看跨国电视真人秀的打造》，《南方电视学刊》2011 年第 8 期。

17. 郑蔚、孙微：《电视节目形态的引进与创新——兼评〈开心辞典〉》，《现代传播》2003 年第 2 期。

18. 刘淼：《异化的〈完美假期〉》，《青年记者》2002 年第 10 期。

19. 胡智锋：《超级女声：成功本土化的"真人秀"》，《北方传媒研究》2006 年第 3 期。

20. 黎海波：《对外传播中的共同价值观问题初探》，《对外传播》2008 年第 2 期。

21. 潘晓军：《从"真人秀"透析美国价值观及其对中国年轻一代价值观的影响》，《中国青年研究》2010 年。

22. 林婷：《对布莱希特"间离效果"理论的再认识》，《贵州师范大学学报》（社会科学版）2005 年第 4 期。

23. 肖平：《纪录片原则的起点与终点——关于纪录片制作"道德问题"的思考》，《现代传播》2004 年第 5 期。

24. 梁婷婷：《电视文化：一种大众的消费文化》，《西南民族大学学报》（人文社科版）2007 年第 3 期。

25. 王淑梅：《消费社会与人的生命符号化》，《北方论丛》2007 年第 2 期。

26. 盛宁：《鲍德里亚·后现代·社会解剖学》，《读书》1996 年第 8 期。

27. 郑晓红：《消费文化意识形态批判及其意义》，《安庆师范学院学报》（社会科学版）2008 年第 1 期。

28. 范嵘：《舆论的导向和偏移》，《苏州大学学报》（哲学社会科学版）2011年第2期。

29. 约翰·菲斯克：《解读大众文化》，南京大学出版社1999年版。

30. 马歇尔·麦克卢汉：《理解媒介：论人的延伸》，商务印书馆2000年版。

31. 弗洛伊德：《精神分析引论》，商务印书馆1988年版。

32. 明安青：《美国超级传媒帝国》，社会科学文献出版社2006年版。

33. 安德鲁·古德温：《电视的真相》，中央编译出版社2001年版。

34. 尼尔·波兹曼：《娱乐至死》，广西师范大学出版社2004年版。

35. 赫伯特·马尔库塞：《单向度的人》，刘继译，上海译文出版社2006年版。

36. 鲍德里亚：《拟像的进程》，载吴琼编：《视觉文化的奇观》，中国人民大学出版社2005年版。

37. 巴赫金：《陀思妥耶夫斯基诗学问题》，白春仁、顾亚铃译，三联书店1988年版。

38. 鲍德里亚：《完美的罪行》，王为民译，商务印书馆2000年版。

39. 雅克·拉康：《论凝视作为小对形》，载吴琼编：《视觉文化的奇观》，中国人民大学出版社 2005 年版。

40. 福柯：《规训与惩罚》，刘北成、杨远婴译，生活·读书·新知三联书店 2007 年版。

41. 郑根成：《媒介载道——传媒伦理研究》，中央编译出版社 2009 年版。

42. 周夏莹：《论电影艺术的特征：从门类艺术的比较出发》，厦门大学 2006 年。

43. 何静：《消费生活方式的变革与消费伦理的重建》，哈尔滨工程大学 2006 年。

44. 蔡涛、杨炼：《史诗的现代性分析》，中南民族大学 2008 年。

45. 赵慧臣：《知识可视化的视觉表征研究》，南京师范大学 2010 年。

46. 席勒：《审美教育书简》，载马林刚：《席勒美学思想研究》，南京师范大学 2005 年。

47. 齐瑞成：《苏曼殊创作心理分析》，杭州师范大学 2009 年。

48. 叶巧梅：《广告的非使用价值诉求——以消费文化的视角解读服饰类广告》，南京师范大学 2009 年。

49. 陈功兰：《电视真人秀节目的消费文化特征研究》，兰州大学 2010 年。

后　记

　　便如同书名《泛传播时代的镜像站点》中"镜像"一词对梦的指涉一样，这本书也是我一直以来梦的延伸，以身外身做梦中梦。这本书的出版，首先要感谢我的导师徐兆寿先生，他的另一重身份是作家，更确切地说，他是一位丝绸之路文明的追踪者。他博学的知识和严谨的治学态度不仅给予我写作上的启蒙，而且指引了我思考的方向和聚焦的视点，更鼓励我写作的勇气和前进的动力。时至今日，老师的教诲依然深深刻在我的心头，时常回味、反省，受益终身！同样，我也要感谢上海人民出版社的舒光浩老师，他对于本书认真细心的编辑，为本书着实添彩，特此感谢！

　　要感谢的人太多，我始终心怀感恩，默默前行！对于影像，我有天然的亲切感，总觉得经典的电影会同经典的书籍一样，触动人类的精神世界。有人说看电影是不需要学习的，人人都能看懂，这不假，但影像背后所反映的意识形态、美学、心理学、哲学等诸多隐喻内涵却需要细细研学。影像是工业产品，但伟大的电影一定是艺术品。我有时候在想，我为什么会去写电影，原来我们的世界观很早就已经确定下来了，我们所有的共鸣都是想从电影里去寻找我们的人生。

杜臣弘宇

2018 年 4 月 28 日

图书在版编目(CIP)数据

泛传播时代的镜像站点/杜臣弘宇著. —上海：
上海人民出版社,2018
ISBN 978 - 7 - 208 - 15365 - 3

Ⅰ.①泛…　Ⅱ.①杜…　Ⅲ.①文娱活动-电视节目-
研究-中国　Ⅳ.①G222.3

中国版本图书馆 CIP 数据核字(2018)第 175774 号

责任编辑　舒光浩　屠毅力
装帧设计　胡　斌　刘健敏

泛传播时代的镜像站点
杜臣弘宇　著

出　　版　上海人民出版社
　　　　　 (200001　上海福建中路 193 号)
发　　行　上海人民出版社发行中心
印　　刷　上海商务联西印刷有限公司
开　　本　890×1240　1/32
印　　张　6.25
插　　页　2
字　　数　125,000
版　　次　2018 年 9 月第 1 版
印　　次　2018 年 9 月第 1 次印刷
ISBN 978 - 7 - 208 - 15365 - 3/J · 513
定　　价　30.00 元

　　本书获西北师范大学 2016 年度青年教师科研能力提升计划项目（人文社科类一般项目）资助（项目名称：《基于新媒体传播视域下的甘肃省农业机械化推广策略研究》；项目编号：SKYB16015）。